学校教師の共感性に関する研究

鈴木郁子著

風間書房

目　次

第1章　教師の資質向上を目的とした共感研究の必要性 ………… 1
第1節　教師の資質向上について ……………………………………… 1
1　教師の資質向上に関する施策 …………………………………… 1
2　人間として専門家として教師に求められる資質―共感性 …………… 2
3　教育相談担当教師の資質と教師のモデルとしての可能性 …………… 4
第2節　共感研究の概観―教師の共感研究へ向けて ……………… 4
1　共感の定義の変遷 ………………………………………………… 4
2　共感に関する包括的モデル ……………………………………… 6
3　共感の測度 ………………………………………………………… 7
4　共感の発達研究 …………………………………………………… 10
5　成人レベルの共感―個別性の認識に基づいた共感 ………………… 11
6　教師の共感研究 …………………………………………………… 13
第3節　教師の個別性の認識に基づいた共感を中心とした実証的研究 … 14
1　本論文の目的および方針 ………………………………………… 14
2　本論文の構成 ……………………………………………………… 17

第2章　教育相談担当教師の対人的反応の特徴 ………………… 19
第1節　教育相談担当教師の共感不全場面における話し手に対する態度
【研究1】 …………………………………………………………… 19
1　問題と目的 ………………………………………………………… 19
2　方法 ………………………………………………………………… 21
3　結果 ………………………………………………………………… 23

4　考察―教員養成系大学生・教育相談担当経験のない教師・教育相談担当
　　　　教師の態度の特徴 ……………………………………………………………… 30
　第2節　教育相談担当教師の日常会話の陳述に対する言語的応答
　　　　【研究2】 …………………………………………………………………… 34
　　　1　問題と目的 …………………………………………………………………… 34
　　　2　方法 …………………………………………………………………………… 36
　　　3　結果 …………………………………………………………………………… 37
　　　4　考察―会社員・教育相談担当経験のない教師・教育相談担当経験のある
　　　　教師の言語的応答の特徴 ……………………………………………………… 42

第3章　教師の共感性と教師の対人関係との関連 ……………………… 45
　第1節　個別性の認識に基づいた共感を含む「共感体験尺度」の開発
　　　　【研究3】 …………………………………………………………………… 45
　　　1　問題と目的 …………………………………………………………………… 45
　　　2　方法 …………………………………………………………………………… 48
　　　3　結果と考察 …………………………………………………………………… 51
　　　　⑴　尺度構成および信頼性の検討 ………………………………………… 51
　　　　⑵　妥当性の検討―既存の共感性尺度（IRI, EESR）との関連 ………… 54
　　　　⑶　妥当性の検討―愛他的態度・行動との関連 ………………………… 56
　　　　⑷　「共感体験尺度」に示された学校教師と教員養成系大学生の差異 ……… 59
　　　4　総合考察 ……………………………………………………………………… 63
　第2節　教師の共感性と学校における同僚関係および教師―生徒関係
　　　　との関連【研究4】 ……………………………………………………… 65
　　　1　問題と目的 …………………………………………………………………… 65
　　　2　方法 …………………………………………………………………………… 66
　　　3　結果と考察 …………………………………………………………………… 68
　　　　⑴　諸尺度の検討 …………………………………………………………… 68

(2) 共感性と学校における教師―生徒関係および同僚関係との関連 ……… 72
　　(3) 教師の年代による差異 ……………………………………………… 72
　4 総合考察 ……………………………………………………………… 75

第4章　教師の共感性と応答様式に関する研究 ……………… 79
第1節　日常会話の陳述に対する教師の自由記述型応答の数量化
【研究5】 …………………………………………………………… 79
　1 問題と目的 …………………………………………………………… 79
　2 方法 …………………………………………………………………… 80
　3 結果と考察 …………………………………………………………… 88
　　(1) 自由記述型応答のカテゴリー分類の信頼性 ……………………… 88
　　(2) 多重対応分析により見出された次元の解釈 ……………………… 88
　　(3) KJ法による仮説と多重対応分析による数量化の結果との比較 ……… 99
　4 総合考察 ……………………………………………………………… 101
第2節　教師の共感性と応答様式に関する検討【研究6】 …………… 102
　1 問題と目的 …………………………………………………………… 102
　2 方法 …………………………………………………………………… 104
　3 結果 …………………………………………………………………… 105
　　(1) 共感性の学校種・性別・教育相談経験の有無による平均値の差異 …… 105
　　(2) 応答様式の学校種・性別・教育相談経験の有無による平均値の差異 … 106
　　(3) 共感性と応答様式との関連 ………………………………………… 109
　4 考察 …………………………………………………………………… 109
　5 総合考察 ……………………………………………………………… 112

第5章　教師の個別性の認識に基づいた共感性を向上させる研修 ………… 115

第1節　「ラボラトリー方式の体験学習」と個別性の認識に基づいた共感との関連 ………… 115
1. 教師の個別性の認識に基づいた共感を向上させる研修について ……… 115
2. 「ラボラトリー方式の体験学習」とは ………… 116
3. 「ラボラトリー方式の体験学習」の学習サイクルと個別性の認識に基づいた共感との関連性 ………… 117

第2節　現職研修における「ラボラトリー方式の体験学習」のコンセンサス課題の実施とその効果測定【研究7】 ………… 120
1. 問題と目的 ………… 120
2. 方法 ………… 121
3. 結果と考察 ………… 125
   (1) コンセンサス実習の成立の確認 ………… 125
   (2) 他者理解におけるシェアリングの効果 ………… 127
   (3) 自己理解におけるシェアリングの効果 ………… 131
4. 総合考察 ………… 133
5. 今後の課題 ………… 134

第6章　全体的考察―教師の共感研究の成果と課題 ………… 137
第1節　本論文のまとめ ………… 137
第2節　本論文から導かれる学校教育への提言 ………… 141
第3節　今後の課題 ………… 143

文献 ………… 147
謝辞 ………… 161

| | 目　次 | v |

あとがきに代えて …………………………………………………… 163
付録 ………………………………………………………………… 167
調査質問紙 1 ……………………………………………………… 171
調査質問紙 2 ……………………………………………………… 187
現職研修における配付資料 ……………………………………… 205

第1章　教師の資質向上を目的とした共感研究の必要性

第1節　教師の資質向上について[1]

1　教師の資質向上に関する施策

　いつの時代にも，教育の改革が提唱される時には必ず，その主要な一角を占めるのが教師の資質向上という要請である（吉本，1986）。戦後，日本の教育政策審議にあたり，中心的な役割を果たしてきた中央教育審議会において，教師の資質向上は，繰り返し論じられてきたトピックである。1958年の「教員養成制度の改善方策について」の答申では，「職能意識はもとより，教員に必要な学力，指導力さえ十分に育成され得ない」と，免許状取得の形式性が批判され，1966年の「後期中等教育の拡充整備について」の答申では，「教科に関する指導能力のみならず，児童生徒の人間形成の指導者としての資質をさらに向上させる必要がある」ことが説かれている。さらに，1978年の「教員の資質能力の向上について」の答申では，「教員に対して，広い教養，豊かな人間性，深い教育的愛情，教育者としての使命感，充実した指導力，児童・生徒との心の触れ合い」を国民が求めているとしている。

　また，教員養成の在り方を検討し，教員養成カリキュラムを提言してきた教育職員養成審議会においても，教師に求められる具体的な資質能力が提示されてきた。1987年の「教員の資質能力の向上方策等について」の答申では，教員の資質能力が「教職に対する愛着，誇り，一体感に支えられた知識，技能等の総体」と広義に捉えられ，1997年の「新たな時代に向けた教員養成の改善方策について」の答申では，「今後特に教員に求められる具体的

---

[1] 本節は「鈴木郁子　2006　教師の資質向上を目的とした共感研究の必要性　名古屋大学大学院教育発達科学研究科紀要，53, 85-96.」の一部を加筆修正したものである。

資質能力」として,「地球的視野に立って行動するための資質能力」,「変化の時代に生きる社会人に求められる資質能力」,「教員の職務から必然的に求められる資質能力」が例示されている。

かつて,「人間としての教師か,教職者としての教師か」という形で教師の在り方論が争われたこともあった（吉本,1986）。しかし,上記の中央教育審議会,教育職員養成審議会の答申を概観すると,教師の資質として,人間としての資質と,教育の専門家としての資質の両者が重視されてきていることがわかる。

2 人間として専門家として教師に求められる資質—共感性

英国の哲学者ヒュームは,人間性においてきわめて顕著な原理として共感を挙げ（仲島,2001）,共感の臨床家と呼ばれるコフートは,共感は他者の中の自己の認識であり,必要欠くべからざる観察の道具であると述べている（Ornstein, 1978）。そして,発達心理学者である Feshbach & Roe（1968）は,子どもの共感の高さは,社会的理解,思いやりの感情と行動に,また,反社会的,攻撃的行動の抑制能力に結びつき,共感が社会・感情的発達において,中核的な役割を果たしていることを指摘している。さらに,青年期以降を対象にした数多くの心理学研究において,共感性と向社会的行動,愛他的行動との関連が実証されている（たとえば,Eisenberg & Miller, 1987；二宮,2005を参照）。

近年,世界保健機関（WHO）は,ライフスキルを「人々が日常生活で生じるさまざまな問題や要求に対して,建設的にかつ効果的に対処するために必要な能力」と定義し,提唱した主要なライフスキル10項目の中に,共感スキル（empathy skill）を含めている（WHO, 1997）。また,Goleman（1995）が,emotional intelligence（EI）に関する書物を出版して以来,EI は,個人差の次元として学界においても注目を集めるようになった（たとえば,Bar-On, Brown, Kircaldy, & Thome, 2000; Mayer, Salovey, & Caruso, 2000）。実際,人の社

会的な適応と幸福を促進するための能力として，emotional intelligence は広く注目され，測度も開発されてきているが，質問紙として，多数の国で翻訳されている EQ-i（Bar-On, 1997）および Emotional Competence Inventory（Boyatzis, Goleman, & Hay/McBer, 1999）の下位概念として，両者に共感性（empathy）が含まれているのである（Mayer, Caruso, & Salovey, 2000）。

このように，スキル，コンピテンス，インテリジェンスと，その社会的流行によって上位の概念の変遷はあるものの，過去から現在まで，共感性は，人が持つべき望ましい資質として，重視されてきている。

日本の学校では，役割が細分化された欧米の学校とは異なり，教師が多様な役割を負い，学級担任の果たす役割の大きさや養護教諭の存在などは，日本の学校独自のものといえる（奈須，2004）。藤岡（1997）が，教師の役割として挙げた7つの中には，「カウンセラー」や「対話者」としての役割があり，原岡（1983）が掲げた10個の役割の中にも「カウンセラー」が含まれている。上地（2005）は，有能な教師の資質は，専門家としてのカウンセラーに必要な資質と多くの面で一致していることを指摘し，教師としての資質を高めるためには，カウンセラーとしての力量を形成することが期待されていることを明言している。以上より，日本の教育において，教師にカウンセラー的な役割が期待されていることがわかる。

カウンセリングの過程の中で，「共感」は，フロイトを初めとする精神分析的心理療法やロジャーズを中心とする来談者中心療法等，多くの流派に一致する中核的な治療要因とみなされている（Truax & Carkhuff, 1967）。カウンセリングの中で，クライエントは，自分の内的状態に，カウンセラーが波長を合わせ，共感してくれていると感じた時に，自分が理解されていると感じ，安心して自己を探求していくことができる（澤田，1998）と考えられている。そこで，教師がカウンセラーとしての力量を形成するためにも，共感は発達させるべき重要な能力（Aspy, 1975）といえるであろう。

以上の議論より，人間としても，教育の専門家としても，共感性は，教師

に求められる重要な資質と考えられる。

3 教育相談担当教師の資質と教師のモデルとしての可能性

日本の学校には，学校教師による長年に渡る学校教育相談の実践と研究の積み重ねがある（大野，1997a）。この学校教育相談の流れにコミットしないスクールカウンセリングは，砂上の楼閣となると大野（1997b）は警告している。1995年度から派遣が始まった臨床心理士を中心としたスクールカウンセラー配置事業と並行する形で，教師の中からも，カウンセラーを育成し，「学校カウンセラー」の資格を認定しようとする動きが生じた（伊藤，1997a）。「学校カウンセラー」認定申請の基礎資格には，「教育相談係としても5年以上の経験を有すること」という項目が含まれている。学校の校務分掌である教育相談係は，学校教育相談活動における中心的な役割を果たしてきており，その成果を発表した相談係も多い（たとえば，今井，1986；今村，2001；長坂，2006；大野，1986；和井田，2005）。そこで，カウンセラー的な役割を担う教師の資質向上を考える時，教育相談を担当してきた教師の資質は，一般の教師の到達水準の目安となりうると思われる。

伊藤（1997a）は，小中学校の教育相談係を調査対象にして，所属校の教育相談体制の現状と相談活動に対する個人の意識を測定している。しかし，調査対象が，教育相談を担当する教師に限られたため，教育相談を担当しない教師との意識の差異は不明である。教師の中で，教育相談係とその他の教師との意識や能力の差異を検討した研究は，これまでのところ，行われていない。

第2節 共感研究の概観―教師の共感研究へ向けて[2]

1 共感の定義の変遷

共感は多くの異なった分野の心理学者たちが興味を持っているトピックで

あり（Davis, 1994），様々な時期に，様々に用いられてきた（Eisenberg, 2000）。歴史的には，共感（empathy）よりも前に，同情（sympathy）の語が，Smith（1759／1976）等の道徳哲学から，他者と同じ情動を共有するという意味で使われ始めた。英語圏では，Tichener（1909）が，美学の分野で感情移入を表すドイツ語einfühlungをempathyと英語訳して使い始めたのが最初と言われている。このように，当初，共感は感情に主眼を置いた用語であったが，感情経験ではなく他者の感情の理解として捉えたKöhler（1929），自己を他者の立場においてものを見る役割取得能力を強調したMead（1934）等を通して，共感の認知的側面が重視される認知シフト（明田，1999）が生じた。しかし，1970年前後から，再度，共感の感情的な側面が強調されるようになったのである（たとえば，Merabian & Epstein, 1972; Stotland, 1969）。

このような変遷の中で，共感には，「他者の思考，感情，行為のなかに自分自身を置き換えて，その人の視点から外界を構成すること」（Dymond, 1949）といった認知的側面を強調する定義と，「他人が情動状態を経験しているか，または，経験しようとしていると知覚したために観察者にも生じた情動的な反応」（Stotland, 1969）といった情動的側面を強調する定義の両者が存在していた。しかしながら，近年はHoffman（2000）の「自分自身の置かれた状況よりも他人の置かれた状況に適した感情を観察者が抱くこと」という定義に見られるように，認知的側面と情動的側面の両側面を視野に入れたものへと変化してきた。Feshbach & Roe（1968）は，共感を「知覚した情動体験に対する反応者の代理的情動反応」と定義しているが，この比較的古い時代の定義について，Bryant（1982）は，認知的側面と情動的側面を結合させ，包括的に共感を捉えていると評価している。以上のように，現在，共感は，認知的要素と情動的要素の両者を含むものと考えられているのである

2）本節は「鈴木郁子　2006　教師の資質向上を目的とした共感研究の必要性　名古屋大学大学院教育発達科学研究科紀要，53，85-96．」の一部を加筆修正したものである。

(Eisenberg, 2000)。Davis (1994) は，排他的な定義をすることから，共感の研究が分断化される弊害を指摘し，「他人の経験についてある個人が抱く反応」という広い定義を提唱している。しかし，Davis (1994) の定義では，あまりにも広すぎる共感の定義となり，共感ではないものも含まれてしまう危険性があると思われる。

2　共感に関する包括的モデル

共感をより広義に包括的に捉えようとする動きの中で，社会心理学分野では，Davis (1994) が共感の組織モデル，カウンセリング心理学分野では，Barret-Lennard (1981) が共感のサイクルという包括的な共感モデルを提出している。

Davis (1994) は，多次元的な視点に基づき，共感に関連する様々な現象や過程を一連の出来事として，広く多面的に捉え，それらの関連性を整理し，共感の組織モデルを提唱している。共感の組織モデルによれば，共感は，「先行要因」，「過程」，「個人内の結果（反応）」，「対人的な結果（反応）」の4つの段階からなっている。「先行要因」には，観察者自身の個人差要因，学習経験，観察者と対象者の類似性，状況が持つインパクトの強さ等が含まれる。様々な共感的反応が結果として生じるに至るまでの途中経過である第2段階の「過程」では，「非認知過程」，「単純な認知過程」，「高次の認知過程」の3つが区別されている。「非認知過程」には，「第1次循環反応」(Hoffman, 1984) としての乳児の反応泣きや，観察者が対象者を自動的・無意識的に模倣する「運動模倣」(Hoffman, 1984) 等が含まれる。「単純な認知過程」には，他者と同じ感情経験を繰り返すことで，他者の感情的手がかりが観察者の感情反応を引き出す手がかりとなる「古典的条件付け」，他者の感情的手がかりや状況の手がかりが観察者に過去の類似場面を想起させ，そこで経験した感情を引き起こす「直接連合過程」(Hoffman, 1984)，他者にラベル付けが半ば自動的に行われる「ラベリング過程」(Eisenberg, Shea, Carlo, &

Knight, 1991) が含まれる。「高次の認知過程」には，他者の言語手がかりによって観察者の認知ネットワークが活性化され，観察者自身の関連する感情や経験と連合して共感反応に至る「言語媒介連合」(Hoffman, 1984)，相手の手がかりによってアクセスされた観察者の知識構造を用いて相手に関する推測を行う「精緻化ネットワーク使用過程」(Eisenberg, et al., 1991)，さらに最も高次の認知過程として，相手の視点を想像することで他者を理解しようとする「視点取得」または，それと同義の「役割取得」が含まれる。「視点取得」は，認知的な共感の重要な一部として多くの共感研究で扱われてきているが，共感組織モデルの中では，結果ではなく過程として位置づけられている。第3段階である「個人内の結果」は，上記の様々な過程を通じて観察者自身の中に生じる感情的または非感情的（認知的）な反応のことを指している。最後の第4段階が，対象者に向けられた観察者の行動反応である「対人的な結果」であり，援助行動や様々な社会的行動が含まれている。

　Barret-Lennard (1981) は，カウンセリング場面における共感のサイクルモデルを提出している。共感サイクルでは，「共感的傾聴，共振，理解という内的な過程」，「応答的な理解の相手への伝達」，「理解されていることへの相手の感受」という共感の3つの段階を設けている。共感の組織モデル (Davis, 1994) のように，内的な過程を複数の種類に分けてはいないが，個人内部での共感の段階と，相手に対して反応する段階を分けているところが両者のモデルに共通する。また，共感的に理解されたと，相手が認知する段階を含め，共感を2者間の相互的なやりとりとしている点が，Barret-Lennard (1981) のモデルの特徴といえる。

3　共感の測度

　共感の測度として，今までに多数のものが開発されてきたが，それらが，共感のどの側面を測定しようとしているのか，先述の共感の組織モデル (Davis, 1994) を用いることによって，ある程度整理できる（明田，1999）。

まず，Davis（1994）の「過程」に含まれる役割取得の測度は多数存在している。しかし，Feffer & Gourevitch（1960），Selman & Byrne（1974），Flabel, Botkin, Fry, Wright, & Jarvis（1968）の脱中心化課題，Borke（1971），Rosenberg（1970），Kurdek & Rodgon（1975）の感情を推測する課題等，ほとんどのものが幼児期から児童期の子どもを対象にした課題型の測度である。

次に，「対人的な結果」の認知的結果の側面を測定するものには，主として，成人を対象にした質問紙による尺度がある。Dymond（1949）の作成した尺度が，最初の共感尺度と言われている（Wispé, 1987）。その他，Elms（1966），Hogan（1969）の認知的な共感を測定する尺度が広く用いられている。

また，「対人的な結果」の中の感情的な結果を生み出す傾向性の測度には，場面提示によって生じる感情反応，身体・生理反応を測定しようとするもの，自己評定による質問形式のもの等，形式は多様であり，その対象者も幼児から成人まで多様である。自己評定法として使用頻度の高い尺度としては，Merabian & Epstein（1972）の情動的共感性尺度が挙げられ（明田，1999），その日本語版（加藤・高木，1980），子ども版（Bryant, 1982），子ども版の日本語版（浅川・松岡，1984；桜井，1986）も作成されている。その他，Stotland（1969）も，情動的な共感を測定する尺度を開発している。

以上のような，共感エピソードの特定の側面に焦点を当て，その傾向性を測定しようとする測度に加え，共感を多面的に捉えようとする多次元的な尺度として，対人的反応性指標（Interpersonal Reactivity Index，略称 IRI, Davis, 1983）が開発され，日本語版（明田，1999；デイヴィス，1999）も出されている。また，Davis（1983）の多次元的視点をベースとした尺度が，日本でも開発されており（たとえば，木野・鈴木・速水，2000；澤田・斎藤，1996；澤田・斎藤，1997；鈴木・木野・出口・遠山・出口・伊田・大谷・谷口・野田，2000；登張，2003），対人的反応性指標（Davis, 1983）の影響は多大であるといえる。

対人的反応性指標 (Davis, 1983) は，日常生活で自発的に他者の心理的立場に立とうとする傾向を測る「視点取得」，不幸な他者に対して同情や憐れみの感情を経験する傾向を測定する「共感的関心」，他者の大変な苦痛に反応して，自分が苦痛や不快の経験をする傾向を測定する「個人的苦痛」，想像上で自分を架空の状況の中に移し込む傾向を測定する「ファンタジー（想像性）」の4下位尺度からなる。共感組織モデルの中では，「視点取得」は，第2段階の「過程」に含まれ，「共感的関心」と「個人的苦痛」は，第3段階の「個人内の結果」に含まれるが，「ファンタジー」については，組織モデルに当てはめるのが難しいと，Davis 自身が述べている。

近年では，Baron-Cohen & Wheelwright (2004) が，対人的反応性指標 (Davis, 1983) を現在までに開発された最も優れた尺度と高く評価しながらも，「ファンタジー」は想像力，「個人的苦痛」は情動的な自己制御に該当し，対人的反応性指標 (Davis, 1983) が共感性よりも広いプロセスを測定しているという批判のもと，新しい多次元共感性尺度である The Empathy Quotient（略称 EQ）を開発し，「認知的共感」，「情動的反応」，「社会的スキル」の3次元を探索的に見出している (Lawrence, Shaw, Baker, Baron-Cohen, & David, 2004)。自閉症研究の世界的権威である Baron-Cohen らが作成したこの尺度は，今後，使用頻度が高まると予想される。ただし，第1節で言及した emotional intelligence を測定する尺度の方が，emotional intelligence 自体の流行を鑑みると，今後も，より頻繁に利用されていくと推測される。しかしながら，たとえば，EQ-i (Bar-On, 1997) では，empathy は interpersonal relationship に吸収合併された形となり，ECI (Boyatzis, Goleman, & Hay/McBer, 1999) では，4つにクラスター化した概念を用いる傾向にある (Conte, 2005) ため，共感性を重点的に扱いたい場合には，やはり，共感性を測定することを目的とした尺度を用いるべきであると思われる。様々な特性または能力を包含するライフスキルや emotional intelligence 等，大きな構成概念を検討する際には，それぞれの下位概念の，さらにその下位概念間の

差異を扱うような詳細な検討はできにくくなると考えられる。

4　共感の発達研究

　長年，共感研究に携わってきた Hoffman（1984, 1987）が，過去の共感の発達研究を踏まえつつ，共感の発達に関する包括的な理論（Davis, 1994）を提出している。Hoffman（1984, 1987）によれば，共感の覚醒様式は，「第1次的な循環反応」，「運動模倣」，「古典的条件づけ」，「直接的連合」，「言語媒介連合」，「役割取得」の6つからなり，以上の記載順序で獲得されていく。すなわち，新生児の「第1次的循環反応」に始まり，「運動模倣」および「古典的条件付け」は，0歳から1歳までの間，「直接的連合」は，1歳から2歳までの間，「言語媒介的連合」および「役割取得」は，3歳から10歳くらいにかけて発達していく。特に，「役割取得」は，最も高度な認知的処理が必要とされている。そして，以上の6つの覚醒様式は，先述の Davis（1994）の理論にも，全て引き継がれているのである。

　乳幼児期から児童期にかけての共感の実証的な発達研究は，内外で数多く行われているが，幼児期から児童期後期にかけて，役割取得の能力が発達することから，他者の立場からものを見る役割取得（視点取得）の発達と結びつけて論じられることが多い（たとえば，浅川・松岡，1987; Flabel, et al., 1968; Hoffman, 1987; Hughes, Tingle & Sawin, 1981; Selman & Byrne, 1974）。この役割取得は，近年の用語では，心の理論（Astington, Harris & Olson, 1988; Wellman, 1990）や mindreading（Baron-Cohen, 1995; Whiten, 1991）と一致するものと考えられている（Baron-Cohen & Wheelwright, 2004）。

　しかし，Hoffman（1984, 1987）が，10歳から成人までを一番高度な共感が可能になる時期として，一括りにしているように，その後の青年期と成人期の共感の差異を扱う理論や実証的な研究はほとんど認められない。日本では，青年期内の共感の発達を扱った研究として，加藤・高木（1980）が，Mehrabian & Epstein（1972）の尺度の日本語版を作成し，中学生から大学

生の情動的な共感性の発達を横断的に検討している。また，出口・齊藤 (1991) が，Mehrabian & Epstein (1972) の他に，Elms (1966) と Stotland (1969) の尺度を翻訳したものを加え，情動的な共感と認知的な共感の両側面を測定する尺度を作成して，中学生から大学生までの発達を横断的に検討し，認知的な共感が年齢と共に増加する傾向を示唆する結果を得ている。しかし，調査対象は，あくまでも青年であり，青年期と成人期の共感の差異は扱っていない。

5 成人レベルの共感──個別性の認識に基づいた共感

成人のレベルの共感について言及したのは，橋本・角田 (1992) および角田 (1994, 1995) である。橋本・角田 (1992) は，成人の多くは人間のものの見方の個別性を明確に認識した上でも，なお，他者理解は可能であると考え，現実に他者とかかわることができるようになると述べており，他者理解へ向かう個別性の認識に注目している。また，角田 (1995) は，成人レベルの共感は自他の個別性を踏まえた上での共感であると論じている。

上記の橋本・角田 (1992) および角田 (1994, 1995) による個別性の認識に基づいた共感の思想に影響を与えたのは，Chandler (1975, 1987) と落合 (1974, 1983a, 1983b) である。Chandler (1975, 1987) は，青年は，認識の相対性を明確に理解すると，自分と同じ考え方をする人は誰もいないのだという認識論的孤独 (epistemological loneliness) に陥ると論じている。そこで，橋本・角田 (1992) は，成人が，個別性を自覚した上で，Chandler (1975, 1987) の示唆する認識論的孤独に陥ることなく，現実に他者と関わることができると，青年と対比して述べている。また，落合 (1974) は，青年期の基本的な生活感情 (落合, 1983a) とされる孤独感の構成要素として，「人間同士の共感についての感じ方」次元と「自己の個別性への自覚」次元の2次元を見出している。角田 (1994) は，「感情の共有経験」と「感情の共有不全経験」を測定する2下位尺度からなる「共感経験尺度改訂版」(Empathic Experience

Scale Revised, 略称 EESR）を開発し, 2下位尺度の両方の得点が高かった者が, 落合 (1983b) の「自己の個別性への自覚」尺度の得点も高かったことを根拠として, 自他の個別性の認識に基づく他者理解につながる共感を行うと結論づけている。しかし, 落合 (1983b) が自己の個別性への気づきを表すものとして作成した尺度の項目が,「結局, 自分はひとりでしかないと思う」,「どんなに親しい人でも, 結局, 自分とは別個の人間である」等であることから窺われるように, 落合 (1974, 1983a, 1983b) の扱う個別性の自覚は, Chandler (1975, 1987) が示唆する認識論的孤独に相当し, 高度に発達した認識ではなく, 青年期固有の発達途上の認識であると考えられる。

以上のように, 角田 (1994) は, 落合 (1974, 1983a, 1983b) が言及する青年期の対人的な特徴を, 青年期と成人期の区別を行わずに, 成人期の特徴として理論的に援用している点が問題であるとする。また, 大学生のみを調査対象にし, 青年期と成人期を区別する実証的な研究を行っていないことが, 橋本・角田 (1992) および角田 (1994, 1995) の問題点と考えられる。

心理学において, 発達過程を捉える考えの1つに, 個人化, 社会化という概念があり (伊藤, 1997b), これらは, 生涯発達の道すじの2つの方向を示している (堂野・加知・中川, 1989)。梶田 (1980) は, この2方向を相反するものと捉え,「人間存在の二律背反性」と表現し, 鯨岡 (2000) は,「人間存在の根元的両義性」と表現しているが, Maslow (1954) は, 成熟した人格には, 相補的な特性の共存を意味する「両極性の弁証法的融合」が求められるとしている (伊藤, 1997)。自分と他者とは異なる人間であるという個別性の認識が, 自己と他者とを分断する役割を果たすのではなく, 他者を尊重し, 理解する役割を果たす時, 人格発達の個人化と社会化の2つの方向は一致する。したがって, 上記の個別性の認識に基づいた共感の概念は, 自他の個別性の認識と他者への共感という2つの次元が融合した成熟した人格の有する1つの姿を表していると思われる。

6 教師の共感研究

　共感は，相手との援助的なコミュニケーションを築く，極めて重要な条件であり（上地，1990），橋本（1999）は，カウンセラーのクライエントへの共感と同様に，対人関係を基本とする学校教師においても，共感は重要であると述べ，Berman（2004）は，日常生活で様々な挑戦をする生徒たちを援助するために，教師の共感を重視している。そして，Aspy（1972）は，教室でのやり取りの中での教師の共感的な理解のあり方を例示している。その一方で，田形（2001）は，学校という看板を背負って子どもたちに向き合っていかざるを得ない教師の生徒への共感の難しさを指摘している。このように，教師の共感の重要性と困難性には言及されてきたが，現職教師の共感を実際に測定した研究は非常に少数であり，教師の共感を，多数の教師の反応に基づいて量的に検討した研究としては，わずかに，Marcus, Neacsu, Gerghinescu & Sāucan（1994）や Kliś（1997）等が散見される程度である。Marcus et. al.（1994）は，教師46名と教師養成学校最終学年で教育実践を積む生徒61名および教職を目指す大学生47名の援助志向性と情動的な共感性をリッカート型の尺度により測定し，両者の間に正の相関を見出している。そして，情動的な共感性得点においては，参加者群間に差異がなく，援助志向性得点では，教職を目指す大学生より現職の教師の方が高いという結果を得ている。また，Kliś（1997）は，教師130名の情動的および認知的共感性とその他のパーソナリティ特性をリッカート型の尺度により測定し，認知的な共感および情動的な共感と個人的な達成感との間に正の相関，対人関係を壊そうとする傾向と負の相関を得ている。そして，行動の機動性と認知的共感との間，自尊心と情動的共感との間に正の相関が見出され，情動的共感と認知的共感では，異なる結果が得られている。これらの研究において，実際に教師の共感を測定し，他の尺度との関連を見出した意義は認められる。しかし，後続の研究はなされておらず，教師の共感についての体系的な研究とはなっていない。また，既存の尺度間の関係を検討しているこれらの研究では，どのよう

な共感性を教師が目指すべきなのかの具体的な提示がなされず,現場の教師への有益な示唆を与えるものとはなっていないところにも問題があると思われる。

第3節　教師の個別性の認識に基づいた共感を中心とした実証的研究

1　本論文の目的および方針

第1節および第2節の議論を踏まえ,本論文では,学校教育の担い手である学校教師の資質向上を目的として,人間としても,教育の専門家としても重要な資質と考えられる共感性に着目し,教師の共感性を実際に測定したデータに基づいて,教師の共感性に関する心理学的な検討を行う。

共感の定義の歴史的変遷を踏まえ,認知的共感と情動的共感の両側面を視野に入れた「知覚した情動体験に対する反応者の代理的情動反応」というFeshbach & Roe (1968) の定義を参考にし,反応者の反応を情動反応以外の反応にも拡張して,本論文では,共感を「他者の情動を認知し,その他者の情動に代理的に反応すること」と定義する。そして,共感の組織モデル (Davis, 1994) における共感の4段階のプロセスの中で,「先行要因」,「過程」,「個人内の結果」まで,すなわち,受け手が情動的または認知的に個人内で反応する段階までを共感と呼ぶ。第4段階の「対人的な結果」は,Barret-Lennard (1981) の共感サイクルの「共感を相手に伝達する段階」とも一致すると考えられるが,相手に対する言語的な応答や相手に対する態度,向社会的な行動等は,共感には含めず,共感の結果生起する対人的な態度や行動として,それぞれ扱うことにする。また,共感の多次元的なアプローチ (Davis, 1983) を踏襲し,共感を単一の次元ではなく,複数の次元からなる構成概念とし,その測定においても,多次元的な視点 (登張, 2000) に基づいた検討を行う。

青年期までの共感に関する理論だけでは，成人である教師の共感を説明するには，十分とは言えないであろう。本論文では，橋本・角田（1992）および角田（1994, 1995）の言及より，「自他の個別性の違いを認識した上での共感」，すなわち，「個別性の認識に基づいた共感」を成人のレベルの成熟した共感であるとみなし，教師の共感の測定においても，「個別性の認識に基づいた共感」を含めた検討を行う。共感の概念を大別すると，認知的な共感と情動的な共感の2つの概念が存在するが，「個別性の認識に基づいた共感」は，自他の区別を行うことがその大きな特徴であることから，Hoffman（1884, 1987）が最も高度な認知的処理を必要とすると述べる「役割取得」（または，「視点取得」）の能力をベースにした認知的な意味合いの強い共感と考えられる。そこで，「個別性の認識に基づいた共感」の「過程」の段階では，「役割取得」を通過するものとする。

　教師の共感の特徴を明らかにすることを目的とした場合，その比較となる集団が必要とされるであろう。本論文では，サンプリングが可能な場合には，教師との発達的差異の検討が可能となる教員養成系大学生，成人の職業による差異の検討が可能となる教職以外の職業に就く成人を調査対象にする。また，他者の話を聴く経験や研修経験を積んだ教師が，他の教師の資質向上のためのモデルとなる可能性を考慮し，学校において教育相談担当経験のある教師を調査対象にし，教育相談の業務に就いたことのない教師との比較を行い，教師の共感性を向上させる方策を考案する資料とする。なお，本論文で述べる学校教師は，原則として，小・中・高等学校に勤務する教師であり，外部機関に勤務する教師，幼稚園教師，大学教師，特殊教育担当教師，塾教師等を含めない。林・大日方（1998）によれば，和歌山県教育研修センターでは，教師カウンセラーのレベルを4つに分け，病的なケースについて単独で関わることのできるAレベルから，病的なケースにスーパーヴァイザー付きで関わることのできるBレベル，病的なケースには対応できず，健康な人の悩みを共感的に聞くことのできるCレベル，基礎的な知識

を持っていて，健康人の日常的な活動についてより効果的に援助ができるDレベルまでを設定している。本論文では，教育相談担当教師として，病的なケースを扱うことのできる心理・医療臨床の専門的な知識と技量を持った教師カウンセラーは想定せず，CまたはDレベルの教師を想定する。心理臨床の専門家ではない先述の藤岡（1997）および原岡（1983）が，教師役割として掲げた「カウンセラー」も，一般的な児童・生徒の相談役，援助者といったニュアンスが強いと推測される。

　共感研究の歴史の中では，先述の認知的な共感と情動的な共感のいずれを重視するかについての問題の他にも，いくつかの大きな論点があった。1つ目は，empathyとsympathyを区別するか否かである。精神分析の流れの中では，empathyとsympathyを截然と区別し，sympathyは，苦しんでいる相手から距離を置く防衛的な反応であるとしている（McWilliams, 1994）場合も見られる。日本では，sympathyを同情と訳出することが多く（植田，2003），同情には哀れみ（新田，2003）というような，上から見下すニュアンスがある（植田，2003）ために，同情と共感を分け，共感をより望ましいと捉える論考が見られる（たとえば，石丸，2003；小林，2004）。しかし，本研究では，同情は，扱う感情がネガティブなもので，かつ，応答的な共感であると捉え，Baron-Cohen & Wheelwright（2004）同様に，同情は，共感に完全に包含されるものと捉える。2つ目は，共感をスキルと捉えるか態度と捉えるかの論争，または，特性と捉えるか能力と捉えるかの論争である。Rogers（1957, 1975）が，共感は態度であり，コミュニケーションスキルではないとしたのに対して，Truax & Carkhuff（1967）は，共感を訓練可能なコミュニケーションスキルと捉えた。次に，能力とするか特性とするかについては，共感性のみならず，emotional intelligenceに関しても現在まで議論されてきている問題である（たとえば，Petrides & Furnham, 2001）。しかしながら，先述のライフスキルやintelligenceの両下位側面に共感性が含まれているように，人が日常生活で対人的に発揮する共感を考えた場合，上記のよう

な厳密な区別は困難であり，本論文では，以上の区別を行わないことにする。ただし，首藤（1994）が，一時的な反応としての共感を「状態共感」と呼び，性格特性としての共感を「特性共感」と呼んで区別している点は，本論文での尺度作成において重要と考えられるため，首藤（1994）を踏襲することにする。本論文では，「状態共感」を日常的によく起こしやすい性格特性を「特性共感」，または，「共感性」とみなし，「状態共感」を共感，または，共感体験と呼ぶ。

2　本論文の構成

本論文は，6章から構成され，2章以降は以下のような内容となる。

第2章では，まず，相手に共感した結果として引き起こされると予想される共感の次の段階である対人的な反応を測定する。教師の中で，教育相談を担当する教師が，実際に，他の集団よりも，優れた反応を示す場合が多いか否かを検討することを目的とする。第1節では，簡単に共感できた場面ではなく，相手の気持ちがしっくりこないような共感が困難であった場面を想起してもらい，その時の様子や気持ちを語ってもらうことにより，教育相談担当教師の相手に対する態度を測定し，教員養成系大学生および教育相談の業務に就いたことのない教師との比較を行う。第2節では，日常場面でのやりとりが，対人関係において重要な役割を果たしていると考えられるため，日常会話の陳述に対する言語的な応答を測定し，教育相談の担当経験のある教師，経験のない教師および会社の窓口で営業の業務に就く会社員の応答の質を比較する。

第3章では，第2章で測定された相手に対する愛他的な態度および受容的な言語応答の前段階にあると考えられる個人内の共感段階を取り上げ，教師の他者への共感と対人関係との関連を検討する。第1節では，学校教師と教員養成系大学生に適用することを目的として，成人レベルの成熟した共感とみなされる「個別性の認識に基づいた共感」を含む多次元共感性尺度を作成

し，その信頼性および妥当性の検討を行う。そして，その尺度に示される教員養成系大学生と現職の教師の差異を検討する。第2節では，教師の共感性の高さが，実際の学校の人間関係である生徒との関係および同僚との関係に関連していることを示すことを目的とした調査を行う。

第4章では，個人内の共感段階に加え，対人的な反応である言語的な応答段階を視野に入れ，特に，共感の中でも，「個別性の認識に基づいた共感」が，教師の言語応答といかに関連しているかを検討する。第1節では，自由記述によって集められた教師の日常会話の陳述に対する言語応答を数量化することによって，教師の言語応答の様式を探索的に見出すことを目的とする。第2節では，第1節で見出された言語応答様式と多次元共感性尺度で測定された共感性における教育相談担当経験の有無，性別，学校種による差異，および，応答様式と共感性との関連性を検討する。

第5章では，「個別性の認識に基づいた共感」を高めることを目的とした教師対象の研修の実施報告とその効果測定を行う。第1節では，研修のメソッドとして導入する「ラボラトリー方式の体験学習」を概説し，「ラボラトリー方式の体験学習」が「個別性の認識に基づいた共感」といかに関わっているかを論じる。第2節では，「ラボラトリー方式の体験学習」の中のコンセンサス実習を教師対象の研修で行った報告およびその研修の効果測定を行う。

第6章では，第1章から第5章までに得られた知見を整理し，それらの知見に基づいて，学校教育への提言を行い，最後に，今後に残された研究課題について論じる。

第2章　教育相談担当教師の対人的反応の特徴

第1節　教育相談担当教師の共感不全場面における話し手に対する態度【研究1】[3]

1　問題と目的

　長年，日本の学校では，教師が教育相談を担ってきた。その中で中心的な役割を果たしてきたのが，校務分掌として，教育相談を担当する教育相談係（和井田，2005）と呼ばれる教師達である。近年では，村山（1998）が「文部省事業で派遣されている臨床心理士のスクールカウンセラーを『学校臨床心理士』と呼び，学校現場で教育相談を担当している教師を『教師カウンセラー』と呼ぶことにした」と述べ，「教師カウンセラー」の用語も浸透しつつある。上地（2005）は，教師カウンセラーが，カウンセラーとしての専門的知識と技能を学校教師に積極的に活用し，その専門的な力を発揮することに期待を寄せている。

　相談場面，カウンセリング場面で，Rogers（1957）の「共感的理解」に代表される，話し手に対する共感的な態度が重視されてきていることは周知の通りである。しかしながら，人が他者の話を聴く時，相手の気持ちに共感できない場合も多い。相手の話に共感することの難しさは，成田（1999），菅（1999）等，多くの臨床家によっても指摘されているところである。

　土居（1977）は，理解力の豊富な人が「わからない」と認識することは，一般の人が「わからない」と受け取る場合よりも高度な認識であることを指

---

3) 研究1は「鈴木郁子　2005　共感不全場面における教育相談担当教師の話し手に対する態度―教員養成系大学生および他の教師と比較して―　学校教育相談研究, 15, 4-13.」を加筆修正したものである。

摘している。また，橋本 (1987, 1991) は，他者の感情の「わかりにくさ」には，個々の場面の停滞や失敗が意識化された経験としての「わかりにくさ」と，それらの経験が積み重なることで獲得される知識・信念としての「わかりにくさ」の2種類があり，後者の方が，個人差，年齢差がより顕著に生じると推測している。以上のように，土居 (1977) および橋本 (1987, 1991) は，相手の気持ちがわからないという経験が，万人にとって等質な経験ではなく，個人や発達による質的な差異があることに示唆を与えている。さらに，橋本・角田 (1992) は，知識・信念としての「わかりにくさ」が認知発達の結果生じるという Chandler (1975) の知見を踏まえ，青年では，自他の個別性の認識が孤独感へと発展するが，成人は人間のものの見方の個別性を明確に認識した上で他者とかかわることができると述べ，青年期と成人期の差異を論じている。

首藤 (1994) は，一時的な情動反応としての共感を状態共感，性格特性としての共感を特性共感，すなわち共感性と呼んで区別している。上記の相手の気持ちがわからない状態は，状態共感が低いことを示している。心理学における共感研究の中で，共感性と愛他的態度との関連が実証されている (たとえば，Batson, O'Quin, Fultz, Vanderplus, & Isen, 1981) ため，性格特性としての共感性が高い者は，一時的に相手の気持ちがわからない，状態共感が低い場面においても，他者に対する愛他的態度を保持する場合が多いと推測される。

以上の議論より，本研究では，相手に簡単に共感できる場面ではなく，相手の気持ちがわからず，相手と自分との感じ方の差異を意識する共感不全場面に着目する。そして，教師カウンセラーとして専門的な力を発揮することが期待されている教育相談の校務に就いている教師を調査対象にして，共感不全場面における話し手に対する態度を測定する。また，本研究では，教育相談の校務に就く教師に加えて，教員養成系大学で教員免許取得を目指す大学生と，学校で教育相談の校務に就いたことのない教師を調査対象とする。

前者は，学歴，志向を統制した上で，発達による差異が認められるかどうかを検討するために，また，後者は，同一の職業に就いている中で，担う役割による個人差が認められるかどうかを検討するために，調査対象として選択する。青年である教員養成系大学生と成人である教師との間では，自他の個別性の認識の質が異なり，また，他者の話を聴く役割経験の多い教育相談担当教師では，状態共感の低い場面においても，愛他的な態度を取る者が多いと推測される。

2 方法

(1) 調査対象

　調査対象は，①国立教員養成系大学において，教職専門科目を受講している2年生，3年生16名（男性5名，女性11名，平均年齢20.1歳，標準偏差1.01歳），②公立小・中・高等学校に勤務し，現在教育相談関係の校務に就いておらず，過去にも就いたことのない教師14名（男性6名，女性8名，平均年齢42.1歳，標準偏差10.9歳），③公立小・中・高等学校に勤務し，現在，教育相談関係の校務に就いている教師14名（男性4名，女性10名，平均年齢45.1歳，標準偏差7.7歳）の合計44名であった。なお，教師では，25歳以上60歳以下を調査の対象とした。また，③の教師における教育相談関係の校務経験歴の平均は，通算15.6年であった。以下，①を大学生群，②を一般教師群，③を教育相談教師群と記述する。

(2) 調査手続き

　個別に参加者に接触を図り，参加者の調整のつく日に面接日が設定された。個室で，共感不全を体験した際の対応を測るための面接（以下，共感不全面接と略す）を実施した。面接者は筆者であり，面接に要した時間は10～20分程度であった。後日，面接内容に示された共感の質を複数評定者によって，6カテゴリーに分類評定した。

　なお，面接項目は，本面接の参加者とは異なる参加者5名に予備面接を実

施し，彼らの反応を参考にして決定されたものである。以下に，手続きの詳細を示す。

（1）　共感不全体験の記憶を喚起させるための刺激提示（「その人の話を聞いていて，相手の気持ちがしっくりこなかったことがある」，「その人の話を聞いていて，相手の気持ちをすっかりわかることは難しいと思ったことがある」，「その人の困っている話を聞いていても，ピンとこなかったことがある」）を，印刷した紙を参加者に手渡す形で行い，書かれたような体験をしたエピソードを1つ語るように教示した。なお，大学生と教師との比較を考慮して，「親しい友人に話を聞いてほしいと言われて」と，刺激文の冒頭に印字し，想起場面の統一を図った。

（2）　事前に準備された質問（①お話いただくのはいつのことでしょうか。②どこでのことでしょうか。③相手の方はあなたとどのようなご関係の方ですか。年齢は同じくらいですか。④どのようなお話だったのでしょうか。差しさわりがないと思われる範囲でお話くださいませんか。⑤どのように違和感を覚えたのか，もう少し，お話くださいませんか。⑥その後，あなたはどのような対応をされていったのですか。⑦相手の方に対してどのような思いが湧いてきましたか。⑧あなたがそのような対応されたことで，相手の方に何か変化が見られましたか。）を参加者に行った。参加者が自主的に話を続ける場合にはその流れにある程度任せ，話の焦点が筆者の意図と食い違う場合，適宜修正に努める半構造的な面接を行った。面接の内容は，事前に参加者の了解を得て，テープレコーダーに録音した。

（3）　参加者の態度の質の評定を，あらかじめ設定したカテゴリーに沿って行った。そのカテゴリーは，1．（相手に生起している感情を受け止め）共感に努めている，2．わかりきれないことを自覚しつつ，相手の気持ちが軽くなってくれれば（相手の役に立とう）―積極的（軽減を意図的に行うもの），3．わかりきれないことを自覚しつつ，相手の気持ちが軽くなってくれれば（相手の役に立とう）―消極的（結果的に軽減される），4．相手から身を引いている（相手の役に立とうという気がない），5．わからないことでわかろうとする

ことを放棄する，6．持論の展開の6つであった。これらのカテゴリーは，6を除いて，この順で順序尺度を構成するものとし，筆者以外の評定者に対しては，3と4の違いは，相手の役に立とうとしているか，していないか，相手のために考えているか，いないかであることを強調した。また，6のみ，他のカテゴリーとの重複回答を可とした。

評定は，参加者の音声によるバイアスを防ぐため，スクリプトした逐語記録を用いて，筆者と現在大学院で臨床心理学を専攻している現職教師（男性，年齢40歳）により，独立に行われた。評定が不一致の場合は，現在大学院で臨床心理学を専攻している別の現職教師（女性，年齢48歳）が，再度評定を行い，その結果を最終評定として用いた。なお，逐語記録の評定順序は，群を超えてランダムであり，筆者以外の評定者に本研究の仮説は知らせなかった。

(3) **調査時期**

2002年6月から9月にかけてであった。

3　結果

(1) **定量的分析**

①**評定の信頼性**

評定の信頼性は，2名の独立した評定者間の一致度により検討された。2評定者のカテゴリーの一致率は，70.5％であった。評定2（「相手の気持ちが軽くなってくれれば―積極的」）と評定3（「相手の気持ちが軽くなってくれれば―消極的」）のように，順位に1の差がつくカテゴリー間の評定の明確な区別はかなり困難であると考えられたため，順位に2以上の差がつくカテゴリーを不一致とみなした場合の一致率も算出した。その場合の一致率は86.4％で，満足のいく値が得られた。したがって，本研究における評定の信頼性は高いと判断された。

筆者の恣意的な操作を防ぐため，1の差も含めて評定が不一致であった事

例については，第3の評定者が，先の2名の評定を検討し，最終的な評定を行った。なお，事例3（大学生群）と事例17（一般教師群）では，第1評定者と第2評定者の評定が大きく分かれたが，第3評定者は，参加者が，自分の枠組みにこだわり，最後まで相手の心情を理解できなかったことを強調した語りであることを重視し，どちらも「評定5」に分類した。2事例に同一の評定がなされたため，群間の差の比較に大きな影響を及ぼさないと判断された。

②評定結果の差異

各参加者の評定結果を Table 2.1に示した。最初に設定した各カテゴリーに対する反応数 (Table 2.2) が少なかったため，相手の役に立とう，相手のためを思うという愛他的態度を示していると考えられるカテゴリーと，愛他的態度を示していないと考えられるカテゴリーの2つに大別して，まるめて処理することにした。すなわち，評定1から3までを「愛他的」とみなし，評定4と5を「非愛他的」とみなした。1～3，4～5のセルを合併し，3×2の分割表を作成し，χ^2検定を行ったところ，有意であった（$\chi^2(2)=7.81$, $p<.05$）。χ^2検定で全体として有意であったため，引き続き，田中 (1996) に従い，反応度数の残差分析を行った。その結果，大学生群では，「愛他的」が有意に少なく，「非愛他的」が有意に多かった。一般教師群では，「愛他的」，「非愛他的」，いずれにおいても有意差は認められなかった。教育相談教師群では，「愛他的」が有意に多く，「非愛他的」が有意に少なかった。Table 2.3に残差分析の結果を示した。

(2) **定性的分析**

筆者が各群において代表的な事例と判断する事例を，以下に挙げる。なお，全参加者の面接内容の要約を Table 2.4に示した。

「評定4（相手から身を引いている）」に分類された事例には，以下のようなものがあった。事例7（大学生群）では，仲は良いが，日によって言うこと

第2章 教育相談担当教師の対人的反応の特徴

Table 2.1 各参加者の面接の評定結果

参加者番号(大学生)	1	2	3	4	5	6	7	8	9	10	11	12	13	14	15	16
第1評定者の評定	4	4	5	4	6	5	4	4	5	4	1	5	4	5	4	4
第2評定者の評定	4	4	1	4	6	5	4	2	5	5	3	5	4	5	3	4
最終評定	4	4	5	4	6	5	4	2	5	4	2	5	4	5	3	4

参加者番号(一般教員)	17	18	19	20	21	22	23	24	25	26	27	28	29	30
第1評定者の評定	1	4	6	1	4	5	2	4	3	6	4	2	4	1
第2評定者の評定	5	4	6	1	3	5(6)	2	5	3	5	5	2	4	2
最終評定	5	4	6	1	4	5(6)	2(6)	4	3(6)	6	5	2	4	2

参加者番号(教育相談教員)	31	32	33	34	35	36	37	38	39	40	41	42	43	44
第1評定者の評定	1	3	1	2	2	3	3	3	3	4(6)	2	4	5	4
第2評定者の評定	3	3	3	2	2	3	3	3	3	4(6)	2	4	5	5
最終評定	2	3	1	2	2	3	3	3	3	4(6)	2	4	5	5

評定1:共感に努めている(相手の準拠枠を理解)　　評定4:相手から身を引いている
評定2:相手の気持ちが軽くなってくれれば―積極的　評定5:わかろうとすることを放棄している
評定3:相手の気持ちが軽くなってくれれば―消極的　評定6:持論の展開
　　　　　　　　　　　　　　　　　　　　　　　(6)は重複回答で6に分類された場合を示す

注)第1, 第2評定者の評定が大きく分かれた参加者3と17は, 参加者が相手のことを思いやっているようにみえるが, 結局は被験者が自分の考えの枠組みにこだわり, 最後まで相手の心情が理解できなかったことを強調した語りであるという最終評定者の判断のもと, 5に分類された.

Table 2.2 参加者群ごとのカテゴリー度数

評定カテゴリー	1	2	3	4	5	6	1〜3	4〜5
1群(大学生)	0	2	1	7	5	1	3	12
2群(一般教員)	1	3	1	4	3	2(3)	5	7
3群(教育相談教員)	1	4	5	2	2	0(1)	10	4

( )内は重複回答で6に分類された度数を示す

Table 2.3 参加者群ごとの残差分析の結果

		愛他的	非愛他的
大学生	実測度数	3	12
	期待度数	6.6	8.4
	残差	±2.35*	
一般教員	実測度数	5	7
	期待度数	5.3	6.7
	残差	±0.21	
教育相談教員	実測度数	10	4
	期待度数	6.1	7.9
	残差	±2.58**	

面接評定1〜3:愛他的　　　　　　　　　　$*p < .05, **p < .01$
面接評定4〜5:非愛他的

Table 2.4　全参加者の面接内容の概要

被調査者	性	いつ	どこで	相手との関係	トピック	相手や相…
大学生						
1	女	最近	大学内	同性の同級生	相手の恋愛話	相手と自分の好みの男性のタイプが異…
2	女	最近	自宅の電話	同性の同級生	お互いの恋愛観	相手の彼氏を道具として使う考えや思…
3	男	2ケ月前	大学の教室	同性の同級生	相手が三角関係になっていた	他の友人が同じ女の子のことを好きな…
4	女	1年前	大学内	同性の同級生	相手の付き合い方	相手が彼氏に，自分の思いを伝えられ…
5	男	最近	大学内	同性の同級生	グループ内の一人がうそつき	自分は事情を知らなかったので，相…
6	男	最近	地元の遊び場	同性の旧友	女性同伴で遊びたがる	自分は知らない女性が入るより男同士…ところ
7	女	最近	大学内	同性の同級生	相手が自分の事情を話す	言いかけてやめてしまい，口を濁すの…
8	女	1ケ月前	大学内	同性の同級生	相手の彼氏が連絡をくれない	彼氏にも事情があるので，そこまで悲…
9	女	最近	飲み会	異性の先輩	悩みがないのが悩みと相手が話す	悩みがないという話がきれい事に聞こ…
10	女	2ケ月前	大学内	同性の同級生	電車内で隣のおじさんの肘があたった	わざとじゃないんだからそこまで…
11	女	最近	大学内	同性の同級生	相手が彼氏に二股をかけられていた	彼氏にも事情があるのではないかと…
12	男	2ケ月前	大学内	サークル後輩	サークルの運営方針	自分たち先輩の考えを押し付けている…
13	女	1年前	電車の中	同性の同級生	相手の恋愛話	自分に経験がなくて，相手の人を好き…
14	女	最近	大学内	同性の同級生	同じサークル内での人間関係・係分担	相手の人間関係の細かいところまで…
15	男	最近	外	同性の旧友	資格取得について	自分の興味のない分野なので，話を聞…
16	女	入学直後	大学内	同性の同級生	相手に宿題を見せてくれと頼まれた	自分で考えようとしないで見せてよ…
一般の教員						
17	女	1年前	飲み会	同期の同性	先輩に頭が良いからと相手が言われた	単に頭が良いと言われて，なぜそん…
18	女	最近	自宅の電話	同性の旧友	もてる相手の恋愛の悩み	いつも見た目で男を選んで泣いてい…
19	男	近年			自分の人生観	
20	女	数年前	他県	同性の旧友	相手の夫が他界した	相手の悲しみは深くて，完全にわか…
21	男	2年前	喫茶店	同性の旧友	相手の妻が乳癌にかかった	気の毒だなとは思ったが，話を聞く…
22	女	3日前	職場	同性の年長者	台風の警報解除後の登校の遅刻の扱い	杓子定規なやり方に頭が固すぎると…
23	男	3年前	自宅	同性の旧友	妻が新興宗教に走ってしまった	相手が辛そうなので，夫婦での根本…たし，男女間のことなのでよくわか…
24	女	1年前	職場	同性の同僚	いろいろな相談を持ちかけられる	他の人について，断定的な見方をす…
25	男	2～3ケ月前	近所の家	近所の父親	子供の学校の教育方針が合わない	両者の立場がわかるので，相手の考…
26	女	1年前	職場	職場の同僚	体育大会のルールの変更を提案した	相手が頑なに現状維持をしようとし…
27	女	日常	いろいろな人		具体的なエピソードは覚えていない	自分の意見とは違うなと思うことは…
28	女	1週間前	外食先	職場の元同僚	転勤した先の職場に慣れない	相手が自分の方から変わろうとしな…
29	女	日常	いろいろな人		具体的なエピソードは覚えていない	考えの似たような人と付き合ってい…
30	女	1年前	電話など	職場の元同僚	家庭に入った相手の家庭の中の問題	先方の家庭の人たちにも事情がある…
教育相談教員						
31	女	1ケ月前	ボランティア先	同性の仲間	仲間に欠席を指摘されたことの愚痴	相手の考え方が被害妄想的で歪んで…
32	女	1～2年前	職場	同性の同僚	いろいろ大げさな相談を持ちかけられる	他の友人に話している内容と食い違…
33	女	最近	自宅の電話	同性の同業者	相手の子供が心因性の病気で入院	目の前にいる子供の話を聴くことが…きた時に，何かわからないなあと思…
34	女	最近	職場	同性の後輩	学級担任としての悩み相談	自分とは経験が違うので，相手のや…
35	女	最近	職場	同性の同僚	他の同僚の働きぶりについての不満	相手の不満を共有することはできな…
36	女	2～3年前	喫茶店	同性の同業者	職場の人間関係の愚痴	前の職場を懐かしがるタイプなので…
37	女	ここ1～2年	職場	同性の同僚	相手の嫁姑問題	自分に経験がないからピンとこない…
38	女	1ケ月前	職場	児童の母親	子供の担任に対する思いを述べる	相手の見方なので相手の思いをすっ…
39	女	昨日	職場	職場の上司	自分の賞賛のことばに相手が励まされた	自分の言葉に励まされるほどに悩ん…
40	女	10日前	職場	同性の同僚	相手が上司に新対策を要求して一蹴された	学級担任の大変さを十分にわかって…
41	男	2週間前	電車の中	異性の後輩	スローテンポな生徒への対応について	何を困りすぎちゃっているんだろう…
42	男	数週間前	職場	年下の同僚	プロスポーツの話	相手が感情をこめて話しかけている…
43	男	2～3週間前	2次会	同性の同期	指導部と相談部の考え方の違い	相手に求められていくら説明しても…
44	男	4～5年前	職場	同性の同僚	学校での対教師・対生徒についての相談	確かに困っているはずなのに，防衛…

第2章 教育相談担当教師の対人的反応の特徴　27

覚えた点	評定	その後の対応・相手への思い・相手の変化など
た	4	「ふーん，人それぞれね」と心の中で思いつつ，わからないけれど相槌を打った
	4	自分としては疑問だったが，自分の意見は言わなかった
引いたこと	5	自分だったら告白するのに，いい奴だけどばかだなと思った
	4	お互いをよく知ってから付き合うべきと思ったが，相手には言わなかった
らなかった	6	相談された自分の方が，うそつきの奴に腹が立ってきた
相手がすぐに女性を中に入れたがる	5	気が合わなくて一緒に遊ぶのをやめた
	4	自分も同じようなところがあるので，相手の話に踏み込まない
	2	誰かに話すことで気持ちが収まることもあるので，相手の悲しい気持ちは聞いてあげたい
	5	相手を理解できずに，心をシャットダウンさせた
いと思った	4	相手に同意できなくて，そうだねーとただ聞いていた
なかった	2	少し違う視点で客観的な意見を言ったほうが相手のためになると思った
なった	5	ひきずりたくないので，その後も話題にしていない
ンとこない	4	相手から一歩二歩ひいた立場からしか聞けない
	5	同じサークルのメンバーだから，話を聞きたくない気持ちもある
ない	3	ただ相槌を打っていたが，聞いているだけで安心するのでは
	4	いろいろな個性の人がいて驚くが，相手には何も言えない
きなかった	5	相手の話がしつこかったので，嫌になってきた
相談してくる	4	アドバイスはするが，同じことの繰り返しなので，適当に打ち切ることにしている
	6	深刻に考えないで生きればいいと人に伝えている
いと思った	1	相手の苦しみを少しでも共有できるのではないかとマラソン出場を決心し，手紙でその体験を相手にも伝えた
かなかった	4	聞きづらいので聞き流した
	5	全然気持ちがわからないので，それで終わった
たが，妻をかばっている様子であっ	2	相手には幸せになってもらいたいので，このままでいいのかと思ったが，結局こちらのアドバイスは聞き入れられなかっただろう
	4	そこまで言わなくてもいいんじゃないかと思うが，口には出さない
きなかった	3	相手が興奮しているのもわかるし，学校教師としての意見を求められているのもわかったので，両者の立場を考えてのアドバイスをした
	6	良いと思った自分の意見が通らなくてショックだった。わかってもらえていないと思った
	5	自分の意見とはこういうのを自分の中に持ったまま，終わらせす
	2	今の相手に高い要求をするのは無理な状態なので，こちらが話をたくさん聴くことでストレスを発散できて健康になればいいと思い，話を聴くことに徹している
和感はない	4	いろいろな感じ方があっても，そうだなーと思うだけ
あるだろう	2	相手の言っていることはわかるので，自分が共通する部分を話したりしている
	2	相手の歪んだ考え方を指摘せず，支持的に話を聴いたことで，相手は気が晴れた様子であった
	3	求められてきたことには親身に答えるが，それ以上，根掘り葉掘り聴かない
ング講座に出かけることを誘って	1	後で自分がどうしてそのときしっくりこなかったのか振り返って考えた。お母さんとして救いを求めているから，そうせざるを得ないんだろうなと思う
ことはある	2	人に意見を求めるのは前向きでいいと思うし，受容されることで気持ちを切り替えたり，パワーが生まれてきたりするだろう
	2	自分の判断を交えずに，相手の気持ちをじっくり聴き，相手の精神健康度が上がった
象が強かった	3	一応友達だから，愚痴も聞いてあげないと，次のエネルギーになっていかないだろう
	3	経験はないが想像で大変だろうと思っている。話すだけでも相手には意味があるだろう
いと思った	3	自分に向けてそういう話をするのは，聴いてもらえるという思いが働いているのだろう
った	3	人はみんな悩みを持っているんだなと納得した
	4	上司に一蹴されて，気持ち的に納得できなくて自分に話しかけてきたのだろう
った	2	経験の少ない人だから悩んでいるのだと思い，噛み砕いて自分の考えを述べた
なかった	4	後でちょっとまずいかなと思って，相手にちょっと合わせて笑った
い	5	その後もいくら説明してもわかってくれなかった
ないところ	5	相談機関を紹介した

が違ったり，口を濁すことの多い友人がいるが，とやかく追及するのも嫌だし，言いたくないことを言わせるのも悪いなと感じるので，そのまま，聞き流して付き合っている様子が語られた。いくら親しくても全部を知ることはできないし，自分と仲の良い子でも，自分の気持ちをすっかりわかることはできないという認識を持ち，相手が話してくれないことでさびしい気持ちもするが，自分も同じだから仕方ないと思っているとのことであった。事例2（大学生群）では，お互いの恋愛観について話し合った時に，自分は相手の自己中心的な考えに納得できなかったが，何も言えなかったという体験が語られた。そして，そういう考えの人もいるのだなと，その考えを持っていること自体は受け止められるが，自分自身としては受け入れられない考えであったことや，「それはちょっといけないんじゃない？」って言った方がいいかなと内心思ったが，実際には何も言わなかったことなども語られた。事例16（大学生群）では，大学に入っていろいろな人に出会うようになって，今まで会ってきた人とは違う，多様な個性の人がいて，自分ではどうしてよいか分からなくなる時が多いということが語られた。

「評定5（わからないことでわかろうとすることを放棄する）」に分類された事例には，以下のようなものがあった。事例14（大学生群）では，サークルの活動を熱心に行っている仲間が，仕事や人間関係の愚痴を話す時に，本人ではないと人間関係や背景の細かいところはよくわからないので，ふんふんと聴いているという話がなされた。しかし，相手の意見を聴くことで，自分も同じ印象を持ってしまうことがあるので，聴きたくない気持ちもあるとのことであった。事例9（大学生群）では，悩みがないのが悩みだという相手の話が信じられなくて，相手の気持ちが全く理解できないので，聴いた時点で心をシャットダウンさせたとのことであった。

「評定6（持論の展開）」に分類された事例26（一般教師群）では，学校行事の反省会で体育大会の種目のルールに関して修正意見を述べた際に，反対意見が出て，自分としては当然の考えを提案したつもりで，反対されるとは予

想していなかったためにショックを受けたという体験が語られ，最後まで自分の意見をわかってもらえなかったという点が強調されていた。

「評定2（相手の気持ちが軽くなってくれれば―積極的）」に分類された事例31（教育相談教師群）では，ボランティア先で，前回欠席したことを他の人に指摘されて，ショックを受けている友人の被害者意識の強さに違和感を持ったが，相手の考え方の歪んでいる点を指摘せず，支持的に話を聴く態度をとったことが語られた。そして，相手が精神的に混乱していて，本当に大変だなと思い，「頑張っているね」と声をかけたとのことであった。相手が，「この人は言える人，わかってくれる人」という認識のもとに，自分に話をするのではないかという考えも語られた。事例34（教育相談教師群）では，学級の子どもへの対応方法について，アドバイスを求めてくる後輩の対応方法に疑問を抱くことはあるが，自分が受容的に話を聴くことで，相手なりに頑張っていくパワーが生まれてくるのではないかという考えが語られ，まずは，相手の話を聴くことが，子どもに対しても，大人に対しても大切だという点が強調された。

「評定3（相手の気持ちが軽くなってくれれば―消極的）」に分類された事例37（教育相談教師群）では，職場の同僚が嫁姑の問題を話すのだが，自分にその経験がないからピンとこないが，相手の立場を想像して，大変だろうな，よく我慢しているなと感じており，相手にとっては言える場があるだけでもいいのではないか，話すだけでも意味があるのかなと思って聞いているとのことであった。事例36（教育相談教師群）では，職場の人間関係の愚痴を相手が話してきて，自分が嫌だなと思う内容ではあるが，愚痴を聴いてあげないと，次のエネルギーになっていかないと思い，話を聴いているとのことであった。また，相手は自分のことをわーっと話してしまえば，それで気持ちが収まっているのではないかという推測を加えていた。

4 考察―教員養成系大学生・教育相談担当経験のない教師・教育相談担当教師の態度の特徴

(1) 教員養成系大学生の特徴

　事例7で「いくら親しくても相手の全部を知ることはできない」，事例2で「そういう考えを持っていること自体は受け止められる」と述べられているように，大学生においても自他の個別性の認識は認められる。しかし，相手の個別性を自明のことと冷静には認知しておらず，事例9や事例16のように，自分や従来付き合っていた友人とは異なる相手の言動への強い驚きやとまどいが報告されることも多かった。また，個別性の認識を起点として，相手を理解しようと努力することはできずに，事例7のように，不可知なままに放置しておいたり，事例2のように，内心感じたことがあっても，実際には何も言わずに相手の話すままにしておいたりする傾向にある。青年期における友達との付き合い方の発達的変化を検討した落合・佐藤（1996）は，中学生・高校生段階に比して，大学生段階の友人関係では，深く狭くかかわる付き合い方が増加すると報告しているが，本研究の面接調査では，大学生段階でも，相手を理解した上で深い付き合い方をしているとは捉えにくい内容を示す報告が多かった。大平（1995）は，相手の気持ちに立ち入らない付き合い方を若者の対人関係の特徴として挙げているが，このような報告は，その一端を示しているとも考えられる。

　また，Erikson（1956）によれば，青年期は自己のアイデンティティの確立が発達課題であり，自己のあり方に焦点が当てられる傾向にある。事例7で，「私とすごく仲のいい子でも，私の気持ちをすっかりわかることはできない」，事例14で，「自分が話に出てくる人物に対して嫌な印象を持ってしまうから聞きたくない」と付け足されているように，青年期の個別性の認識は，自己に焦点が当てられた自己指向的な傾向が強く，相手を理解しよう，相手の役に立とうというような他者指向的，愛他的な傾向は弱いと考えられる。

(2) **教育相談の校務に就いていない一般教師の特徴**

一般教師では，「愛他的」に分類された参加者と「非愛他的」に分類された参加者の数に差がなかった。一般教師の中に，相手の話を傾聴する教育相談的な態度を身に付けたタイプと，自分の感情や価値観を優先させて行動するタイプとの2種類のタイプが，比較的均等に存在することを示唆していると考えられる。

また，複カテゴリーを設定して評定を依頼した場合に，一般教師では，「持論の展開」に分類された事例が合計5例あった。事例26では，反対意見を述べた相手の気持ちより，自分が受け入れられなかったことに話の焦点が当てられ，いまだに自分の考えの正しさに固執している様子が窺われた。現職教師の岡崎（2002）は，「自分は間違っていない」と根拠なしに思いこむことを，一部の教師の特徴として揶揄している。本研究の結果も，自分の枠が強すぎることによって，自分とは異なる準拠枠を持つ人を理解しようとする努力ができなくなる危険性が一部の教師にあることを示唆していると思われる。教師という他者理解が要請される職に従事していても，自分とは異なる相手を理解しようとする態度を身に付けることは難しいことが窺われる。

(3) **教育相談の校務に就く教師の特徴**

教育相談教師では，「愛他的」態度を示す参加者が多かった。そして，事例31や事例34のように，相手の気持ちや行動がピンと来ない時でも，自分が相手の話を聴くことが相手の役に立つという認識のもとに，話し手に対応している傾向が示された。また，相手が「この人は言える人，わかってくれる人」と自分を捉えているから話をしてくれるのではないかという事例31の発言と類似の発言は，事例32，33，35，38でも認められた。他者の話を聴く自分の役割を強く意識していることは，相談係という校務の影響が日常場面にも強く現れていることを示唆していると考えられる。さらに，事例31では，「支持的」，事例34では，「受容」というカウンセリング分野で用いられるこ

との多い言葉で，話し手に対する自分の態度を形容していた。その他でも，事例32では，つじつまの合わないことを言ってくる同僚の「話の内容を聴かないで，気持ちを聴くようにしている」，事例35では，「こちらの判断をあまり交えずに，相手の気持ちをじっくり聴く」と，意識的に聴き方を工夫している様子が語られていた。このような報告が一般教師では見られなかったことから，教育相談担当教師の話し手に対する態度が，自然に身に付けられたものばかりではなく，カウンセリングの知識や経験によって意識的に身に付けられた技法でもあることが窺える。カウンセリングの知識や経験を持つことによって，教師が話し手に対する良好な態度を身に付けることが可能になるということは，一般の教師が，カウンセリング訓練（上地，1990）等の現職研修を受けることによって成長する可能性を示唆していると思われる。

しかしながら，共感不全場面でも話し手に対して愛他的な態度を示していると評定された教育相談教師の中で，その態度が積極的と評定された事例（評定2）は4例にとどまり，「自分のことをわーっと話しちゃえば，それで収まっているんじゃないかな」（事例36），「言える場があるので，それだけでもいいんじゃないか」（事例37）といった発言により，話し手に対する態度が消極的と評定された事例（評定3）が5例あった。話し手に対して，条件反射的に聴く役割を取ることはできるが，それ以上の深いかかわりを持とうとしない者が多いということは，成人の日常の対人関係の持ち方の特徴を反映した結果と捉えられるかもしれない。しかしながら，援助を行う者としては，話し手に対する，より積極的な態度も必要とされるであろう。

(4) 教師と教員養成系大学生の比較

（2）と（3）より，教育相談教師と一般教師を比較した場合，教育相談教師の方が愛他的な態度を取る者が多いという結果となった。しかし，一般教師でも，大学生と比較した場合には，教師の方が愛他的な態度を取る者が多いといえる。概して，教師では，自他の違いを意識して，なおかつ，他者に

開かれた態度を取る者が多く，大学生では，自他の違いを意識することにより，相手を遠ざけてしまう態度を取る者が多いという本研究の結果は，青年期と成人期の差異を個別性の認識の観点から論じた先述の橋本・角田 (1992) と一致すると考えられる。

(5) 今後の課題

本研究では，教師の校種・性別・年齢を考慮した検討を行うことができなかったことが問題として挙げられる。性別については，女性の方が男性よりも情動的な共感が強いとする報告がある（たとえば，Mehrabian & Epstein, 1972; Hoffman, 1977）ため，男性教師と女性教師の話を聴く態度にも，異なる結果が示されることが予想される。また，本研究では，成人期を想定して，25歳以上60歳以下を調査対象としたが，Erikson (1956) によれば，この時期には成人期初期と成熟期（成人期）が含まれている。次世代を育て，援助していく生殖性，世代性は，成熟期の課題とされている（金井，2002）。特に，世代の異なる生徒への理解の仕方や理解を表明する態度は，発達段階によって異なった特徴を有すると推測される。今後，サンプルサイズを大きくして，これらによる差異も検討される必要があると思われる。

また，本研究で示唆された教師の対人的な特徴が，教師特有の特徴なのか，成人一般に共通する特徴なのかを示すことができなかった。今後，他の職能集団に属する成人を対象とした調査を加えることにより，教師の特徴をより明確に記述することが可能になると考えられる。

第2節　教育相談担当教師の日常会話の陳述に対する言語的応答【研究2】[4]

1　問題と目的

　Davis（1994）の共感の組織的モデルによれば，共感は，「先行条件」，「過程」，「個人内的な結果」，「対人的な結果」の4段階から構成されている。「対人的な結果」として，Davis（1994）は，援助行動やその他の社会的行動を挙げているが，言語的な応答には特に言及していない。しかしながら，相手に対する言語的な応答は，カウンセリング場面では，必要不可欠な行動であり，Barret-Lennard（1981）は，カウンセリングの共感のサイクルとして，「共感的傾聴，共振，個人的な理解という内的な過程」，「応答的な理解の相手への伝達」，「理解されていることへの相手の感受」という3つの段階を考え，相手に共感を伝える段階を，中核に位置づけている。Sharpley, Fairnie, Tabaly-Collins, Bates, & Lee（2000）もまた，言語的な応答を治療の相互作用の中核的な変数としている。したがって，教師のカウンセラー的な役割を考慮する場合，個人内の体験を捉えた内的な共感の段階のみならず，言語的な応答で相手に伝える段階も同様に重視されるべきであると思われる。

　教師の言語的な応答を扱った調査として，玉瀬・西川（1992），玉瀬・中前・光武（1994），山口・中島・山本・原野（1992）の研究が挙げられる。これらの研究では，あらかじめ用意しておいた応答文を提示し，教師に強制選択させる形式を採用している。このやり方には，後の分析が容易になるという利点はあるが，自由記述型の形式の方が，典型的な回答をあえて示さないことにより，回答者の本来の傾向を引き出せる可能性が高いと考えられる。

　自由記述型を採用しているのは，上地（1990）である。上地（1990）は，

---

[4]　研究2は「鈴木郁子　2007　教師の共感性と応答様式に関する研究　カウンセリング研究，40, 127-135.」の一部を加筆修正したものである。

学校教師がカウンセリング的態度を身につけるトレーニング方法として，共感性，純粋性など，カウンセラーに求められるいくつかの資質に焦点を絞り，相談・問題場面での陳述への応答を実際に書かせ，その応答を4段階程度のレベルで評定し，教師本人の応答レベルを自覚させることを促進する「紙上応答訓練法」を開発している。

　以上の玉瀬・西川（1992），玉瀬ら（1994），山口ら（1992）および上地（1990）は，主として，生徒が悩みを話す相談場面に限定して，相談に対する応答を教師に考えさせている。しかしながら，高林（2002）が，日常，子供が先に話しかけてきた時に，耳を傾け，聞いてあげることが，子供の心を解きほぐすために大切だと述べ，Duck & Pittman（1994）が，日常の些細な会話こそが，対人関係を維持し，関係内での行動や体験を導くとして，日常的なコミュニケーションの重要性を説いているように，時間や対象を限定した相談場面においてのみならず，日常生活の中で交わす何気ない会話場面においても，教師は子供に影響を与えていると考えられる。

　日本の学校では，教育相談係と呼ばれる教育相談担当教師が，長い間，学校教育相談における中心的な役割を果たしてきた。研究1では，教育相談担当教師が，一時的な共感不全場面においても，相談担当経験のない教師より，相手に対する愛他的な態度を取ることが多いという結論が導かれ，教師のカウンセリング訓練等の研修による成長可能性が示唆されている。したがって，本研究で測定する言語反応に関しても，相談担当経験のある教師と経験のない教師との差異が見出されることが予想される。また，教師が，「教員文化」（久富，1992）という1つの職業文化の中に置かれていることが指摘されていることより，他の職業に従事する社会人との比較は，教師の特徴を捉えるのに，有用と思われる。そこで，本研究では，教育相談担当経験のある教師と経験のない教師に加えて，教師同様に人と接する機会の多い営業職に従事する会社員を調査対象にし，3つの集団間の言語応答の差異を検討する。

2 方法

(1) 調査対象

①民間企業で働く女性（以下，会社員）187名（平均年齢43.0歳，標準偏差9.13歳）：ある大手の民間サービス会社の窓口で，営業の業務に就いている女性。②教育相談担当経験のない女性教師（以下，一般教師）219名（平均年齢42.1歳，標準偏差10.0歳）：勤務先の学校における質問紙調査で，教育相談担当経験を0年と答えた女性。③教育相談担当経験のある女性教師[5]（以下，相談教師）110名（平均年齢44.5歳，標準偏差9.55歳）：勤務先の学校における質問紙調査で，教育相談担当経験を1年以上と答えた女性87名と，公的機関の行う教育相談に関する講座参加者のうち，教育相談経験年数を1年以上と答えた女性23名。

(2) 調査時期

①の会社員の女性に対しては，2000年10月～2001年1月にかけて，職場で実施された。③の公的機関の行う研修に参加した教師に対しては，2005年6月の教育相談に関する現職研修講座[6]の開校日の午前中に実施された。その他の相談教師と一般教師に対しては，2005年2月～3月にかけて，小・中・高等学校の各職場に依頼して，910名分の質問紙を郵送し，各職場で，教師が，空き時間を利用して個別に回答した。

(3) 調査内容

日常会話で生起する会話の陳述3項目[7]を用いた。項目1「わあー，まっ赤だ，すごい！さすがに北海道の紅葉はすごいね。」，項目2「あしたからバ

---

[5] 研究1では，教育相談を現在担当している教師で，結果的には，教育相談担当経験年数が8年～30年の教師を相談担当教師としたが，研究2では，多数のベテラン相談担当教師を調査することが不可能であったため，現在と過去を問わず，教育相談担当経験が1年以上あると答えた者を調査対象とした。

[6] 愛知県総合教育センターで，例年開催される教員向けの「課題研修」の1つである教育相談関係の研修である。初級・中級の2コースが設定され，本研究では，中級コース（全4回）の参加者の協力を得た。質問紙調査の中で，初級コースへの参加経験を尋ねたところ，相談教師では7割に参加経験があった。

[7] 第4章で用いた陳述10項目のうちの最初の3項目である。

ーゲンなの。楽しみでワクワクする。」，項目3「あーあ，何かいいことないかなあー，生活変えたいなあー。」の陳述に対して，自由に応答を書く形式であった。

(4) 調査手続き

郵送により，各職場に依頼して，質問紙調査が実施された。①の会社員に対しては，上記の3項目に加えて，本研究とは無関係のアンケート調査等が実施された。③の研修に参加した相談教師には，提示された陳述に対する応答を自由に記述する追加の7項目が実施された。その他の相談教師と一般教師に対しては，同様の7項目に加え，その他の尺度も実施された。

3 結果

全ての研究参加者に共通して実施された質問項目が，項目1～3の3項目のみであったため，多変量解析による分析は行わず，質問項目ごとに，各カテゴリーに分類された出現度数を用いた分析を行った。また，相談経験を有する男性教師が少数であったことと，会社員の調査対象が女性に限られていたことより，研究2では，女性のデータのみを用いた分析を行った[8]。

(1) カテゴリー分類の信頼性

項目1～項目3の参加者の回答を，それぞれ，6カテゴリー，7カテゴリー，9カテゴリーに著者が分類した。そのカテゴリー分類の信頼性を検討するため，参加者の20％にあたる回答を，ランダムに抽出し，心理学専攻の大学院生1名（女性，26歳）が，研究5（第4章第1節）で作成された分類マニュアルを参照しながら，再度分類を行った。著者と大学院生の評定の一致率は，92.2％～94.1％と高く，学校教師に限らず，他職種の参加者の反応におけるカテゴリー分類の信頼性も高いことが示された。なお，評定が不一致であった回答については，評定者2者間の協議により，再度評定がなされた。

---

8) 第4章で，項目ごとのカテゴリー生成と精選の方法を詳述するため，本節では，分析手続きの詳細な記載は省略した。

(2) 会社員，一般教師，相談教師の応答の差異

以下の結果は，JavaScript-STAR によって分析された。

① 「わぁー，まっ赤だ，すごい！さすがに北海道の紅葉はすごいね。」への応答の差異

全参加者の項目1への反応の評定をもとに，3（研究参加者群）×9（カテゴリー）の度数集計表を作成し，χ^2 検定を行った結果，全体として有意であった（χ^2 (16) = 47.16, $p < .01$）ため，引き続き，残差分析を行った（Table 2.5）。会社員では，⑥「私の話」と⑨「私たち」が多く，①「シンプルな共感」と③「本当だね」が少なかった。一般教師では，①「シンプルな共感」が多く，⑨「私たち」が少なかった。相談教師では，⑥「私の話」が少なかった。

② 「あしたからバーゲンなの。楽しみでワクワクする。」への応答の差異

全参加者の項目2への反応の評定をもとに，3（研究参加者群）×7（カテゴリー）の度数集計表を作成し，χ^2 検定を行った結果，全体として有意であった（χ^2 (12) = 43.62, $p < .01$）ため，引き続き，残差分析を行った（Table 2.6）。会社員では，④「私の話（肯定）」と⑤「私の話（否定）」が多く，①「シンプルな共感」が少なかった。一般教師では，①「シンプルな共感」が多く，④「私の話（肯定）」が少なかった。相談教師では，⑤「私の話（否定）」が少なかった。

③ 「あーあ，何かいいことないかなあー。生活変えたいなあー。」への応答の差異

全参加者の項目3への反応の評定をもとに，3（研究参加者群）×9（カテゴリー）の度数集計表を作成し，χ^2 検定を行った結果，全体として有意であった（χ^2 (16) = 89.84, $p < .01$）ため，引き続き，残差分析を行った（Table 2.7）。会社員では，③「私の話（肯定）」，⑤「提案（肯定）」，⑦「提案（否定，説教臭い）」が多く，①「受容」と④「質問（親身）」が少なかった。一般教師では，いずれのカテゴリーにおいても，有意な差は見られなかった。相談教師では，①「受容」と④「質問（親身）」が多く，⑤「提案（肯定）」，⑦

第2章　教育相談担当教師の対人的反応の特徴　39

Table 2.5　項目1「わあー，まっ赤だ，すごい！さすがに北海道の紅葉はすごいね。」への応答の実測値，期待値および残差分析の結果

		①シンプルな共感	②本当にすごいね	③本当だね	④シンプルな同意	⑤事柄重視	⑥私の話	⑦自分の意見	⑧否定	⑨私たち
会社員 (N=187)	実測値	3▽	49	5▽	8	7	35▲	21	8	51▲
	期待値	13.15	58.44	10.96	9.50	10.23	20.82	18.99	6.21	38.71
	調整された残差	-3.64**	-1.87	-2.23*	-0.63	-1.30	4.14**	0.61	0.92	2.78**
一般教師 (N=219)	実測値	23▲	74	16	11	14	18	20	6	33▽
	期待値	15.12	67.19	12.60	10.92	11.76	23.94	21.84	7.14	44.51
	調整された残差	2.76**	1.32	1.30	0.03	0.88	-1.69	-0.54	-0.57	-2.54*
相談教師 (N=110)	実測値	10	37	9	7	7	4▽	11	3	22
	期待値	7.73	34.38	6.45	5.59	6.02	12.25	11.17	3.65	22.77
	調整された残差	0.95	0.61	1.17	0.69	0.47	-2.82**	-0.06	-0.39	-0.21

注．(▲有意に多い，▽有意に少ない，$*p<.05$，$**p<.01$)
各カテゴリーの具体例：①すごいね／きれいだね②本当にすごいね／ほんとーきれいだね！③ほんとだね！④そうだね／いいね⑤そうですね，さすが北海道ですね／スケールでかいね⑥私も見に行きたい／この目で見てみたー⑦気温の差が大きいからだよ⑧別に北海道だからってわけじゃないんじゃない／京都の紅葉もいいよ！⑨ほんと！北海道に来てよかったね

Table 2.6 項目2「あしたからバーゲンなの。楽しみでワクワクする。」への応答の実測値，期待値および残差分析の結果

		①シンプルな共感	②幸福感受容	③質問	④私の話(肯定)	⑤私の話(否定)	⑥否定(説教臭い)	⑦そっけない応答
会社員 (N=187)	実測値	3 ▽	19	25	104 ▲	24 ▲	6	6
	期待値	16.36	23.79	30.86	86.99	14.13	4.83	10.04
	調整された残差	-4.36**	-1.33	-1.46	3.15**	3.45**	0.68	-1.65
一般教師 (N=219)	実測値	27 ▲	28	34	85 ▽	11	6	15
	期待値	18.02	26.21	33.99	95.83	15.56	5.32	11.06
	調整された残差	2.88**	0.49	0.00	-1.97*	-1.57	0.39	1.59
相談教師 (N=110)	実測値	14	17	24	45	3 ▽	1	6
	期待値	9.62	14.00	18.15	51.17	8.31	2.84	5.90
	調整された残差	1.67	0.97	1.70	-1.33	-2.17*	-1.25	0.05

注．(▲有意に多い，▽有意に少ない，*$p<.05$，**$p<.01$)
各カテゴリーの具体例：①ワクワクするね／へえ，いいなあ ②うん，いい品物があるといいね ③何を買うの？／どこのバーゲン？ ④ホント？私も行きたいなあ ホント！？私もバーゲン大好き！ ⑤ふぅん，私バーゲンって疲れるから嫌いなの ⑥あまりムダ使いせんようにね ⑦あ，そう／ふ～ん

第 2 章 教育相談担当教師の対人的反応の特徴　41

Table 2.7 項目 3「あーあ、何かいいことないかなあー、生活変えたいなあー。」への応答の実測値、期待値および残差分析の結果

		①受容	②シンプルな同意	③私の話（肯定）	④質問（親身）	⑤提案（肯定）	⑥質問（ぶっきらぼう）	⑦提案（合意、説教臭い）	⑧否定（現状肯定）	⑨そっけない応答
会社員 (N=187)	実測値	3 ▽	7	33 ▲	9 ▽	77 ▲	12	24 ▲	16	5
	期待値	20.55	9.73	23.43	21.27	58.76	15.86	17.66	12.98	5.77
	調整された残差	-5.13**	-1.13	2.64**	-3.53**	3.60**	-1.27	1.98*	1.09	-0.41
一般教師 (N=219)	実測値	27	16	24	25	61	18	23	18	7
	期待値	24.19	11.46	27.59	25.04	69.18	18.67	20.80	15.28	6.79
	調整された残差	0.80	1.82	-0.96	-0.01	-1.57	-0.22	0.67	0.95	0.11
相談教師 (N=110)	実測値	27 ▲	4	8	25 ▲	25 ▽	14	2 ▽	2 ▽	4
	期待値	12.26	5.81	13.98	12.69	35.06	9.47	10.54	7.74	3.44
	調整された残差	5.04**	-0.87	-1.93	4.14**	-2.32*	1.74	-3.12**	-2.42*	0.34

注）（▲有意に多い、▽有意に少ない、$p < .05$）、$*p < .05$，$**p < .01$
各カテゴリーの具体例：①変えたいよね／そんな日もあるよね／いいことあるといいね②確かに／本当に／そうだね③ぼくもそう思う／そうだよね、私も変えたいな④何かあったの？／つらいことがあるのかな⑤いっしょに何かはじめてみるのなら／何か新しいことにチャレンジしたら⑥なんで？／どうして？⑦それは自分次第だよ。変えようと思ったら今すぐ変えられるよ⑧今が一番／何言ってるのよ⑨そうですか／変えれば…

「提案(否定,説教臭い)」,⑧「否定(現状肯定)」が少なかった。

4 考察―会社員・教育相談担当経験のない教師・教育相談担当経験のある教師の言語的応答の特徴

玉瀬・西川(1992)は,生徒指導主事と看護師で,重要と考える言語応答様式に差異があることを指摘しているが,ほとんど全員が男性である生徒指導主事と,全員が女性である看護師との比較では,見出された差異が,性差によるものなのか,職業差によるものなのかが不明確であった。しかし,本研究により,同性の中でも,職業によって,応答傾向が異なることが明らかにされた。

会社員の参加者は,教師同様に,他者と話をする機会の多い窓口での営業担当者であるが,話をする相手は成人の顧客である。他方,教師は,児童・生徒という年下の子供の発達援助を担っている。世代,立場の異なる子どもと教師の会話の中では,教師は,相手に同調的になるより,相手と自分の立場を区別した発言が多くなると推察される。したがって,相手の話を自分自身の話に置き換えてしまう傾向が,会社員で全般的に強く,教師で弱かったことは,担う役割の差異に起因すると考えられる。

項目1～3の陳述の特徴を概観すると,1と2は,話し手がポジティブな感情を表出した陳述であり,3は,話し手がネガティブな感情を吐露した,愚痴ともとれる陳述である。本研究では,項目3において,会社員と教師で,応答傾向に大きな差異が生じた。会社員では,項目3で,「提案(肯定)」と「提案(否定,説教臭い)」が多く,「受容」と「質問(親身)」が少なかった。裵岩(2001)は,一般の人が,相手のネガティブな感情に付き合うことができずに,解決策を相手に示すなど,すぐに答えを出す傾向にあることを指摘しているが,その傾向が会社員の回答に窺える。他方,相談教師では,提案したり,否定的な発言をすることは少なく,受容的な発言や親身な質問が多く,会社員の傾向とは異なっていた。また,それら会社員と相談教

師との中間に，一般教師は位置していた。項目3は，相手の現在の生活がうまくいっていないことの想像はつくが，愚痴の真意や背後の事情が不明確な場面であり，相手のしんどい気持ちを汲むニュアンスを含みつつ，相手のさらなる陳述を促す質問は，カウンセリングにおける質問技法に近く，相手の気持ちを受容する応答と同様，提示された陳述にふさわしい応答と考えられる。したがって，女性相談教師の応答は，カウンセラーの応答に近い傾向を示していると思われる。

本研究の相談担当教師への研修会場での調査は，カウンセリング実習の直接的な効果の影響を避けるために，実習実施に先立つ研修初日の午前中に行われた。しかし，研修参加者の7割は，同系列の研修の受講経験をすでに有していた。他の研修経験を含めれば，大多数の相談担当教師が，カウンセリング関連の研修を受けていると推測される。山口ら（1992）は，カウンセリング研修経験のない教師より経験のある教師の方が，非指示的応答を望ましい応答として支持する傾向にあることを見出している。また，研究1は，相談担当教師の話し手に対する態度が，カウンセリングの知識や経験によって身に付けられた技法である可能性を指摘している。本研究において，相談担当教師と他の群との間で見出された差異も，カウンセリング等の研修で得られた知識や経験の差異に起因するところもあると考えられる。

上記のように，ネガティブな発言に対して，受容的あるいは親身や応答をする傾向が，会社員，一般教師，相談教師の順に強くなるという結果は，共感不全場面で愛他的な態度を取る傾向が，教員養成系大学生，一般教師，相談教師の順に強くなるという研究1の結果と類似している。滝川（2001）は，日本の教師の資質の高さを評価しているが，研究1および研究2の結果は，学校教師，とりわけ，教育相談の担当経験のある教師の他者の話を聴く資質の高さを示唆していると考えられる。

本研究では，学校教師と会社員で共通に測定された項目が3項目のみであったため，その3項目に絞り，分析を行った。教師対象の調査では，10項目

の陳述に対する応答を書いてもらったため、残り7項目の応答の分析を進める必要がある。本研究では、各応答単位での分析を行ったが、今後、10個の反応を集約する多変量解析による方法等も試みられるべきであると思われる。

第3章 教師の共感性と教師の対人関係との関連

第1節 個別性の認識に基づいた共感を含む「共感体験尺度」の開発【研究3】[9]

1 問題と目的

第2章では，教師の対人的な反応として，話し手に対する態度と言語的な応答を取り上げた。Davis（1994）の共感の組織的モデルによれば，対人反応の前段階にあるのが，個人内の反応の段階である。本研究では，個人内の反応段階である共感の段階に注目する。

教師研究の中で，教師特有の共感の特徴を検討した研究は認められない。しかし，成人期の共感についての言及はなされ，橋本・角田（1992）および角田（1994，1995）が，成人は，自他の個別性を明確に認識した上で，他者に共感していることを指摘している。したがって，教師においても，自他の個別性の認識を踏まえた上での共感が，児童・生徒への共感の基本となると考えられる。

自他の個別性の認識に基づいた共感を測定するとされる尺度として，角田（1994）の共感経験尺度改訂版（Empathic Experience Scale Revised，略称EESR）が挙げられる。EESRは，「腹を立てている人の気持ちを感じとろうとし，自分もその人の怒りを経験したことがある」などの「共有経験」尺度と「相手が何かに腹を立てていても，自分はその人の怒りがぴんとこなかったことがある」などの「共有不全経験」尺度からなり，両下位尺度の得点の

9）研究3は「鈴木郁子 2006 学校教師と教員養成系大学生の共感性に関する研究―共感体験尺度の作成および信頼性・妥当性の検討― 学校心理学研究，6，19-30.」を加筆修正したものである。

高い者が，自他の個別性の認識に基づいた他者理解につながる共感を行うと，角田（1994）は述べている。しかしながら，EESR は，「怒り」を「驚き」に替えるなど，ほぼ機械的に感情を入れ替えた単調な項目群からなっていること，また，「共有不全経験」尺度が，角田（1995）も言及するように，角田（1991）が作成した逆転項目を独立の尺度として位置づけ修正を加えた尺度であることより，EESR によって，個別性の認識に基づいた共感のような複雑な共感を測定することは不可能であると推測される。しかし，EESR 以外に，自他の個別性の認識に基づいた共感を，共感の概念として想定している尺度は認められない。

そこで，本研究では，成人レベルの成熟した共感とみなされる自他の個別性の認識に基づいた共感を測定する新たな尺度の作成を試みる。自他の個別性の認識に基づいた共感には，Hoffman（1987）や Hughes, Tingle & Sawin（1981）などの発達的研究で重視されてきた他者の立場からものを考える視点取得という認知的側面が前提となると考えられるため，視点取得の考えも加味する。さらに，共感の多次元的アプローチ（Davis, 1983）を踏襲して，高次の認知的過程（Davis, 1994）を経ずにほぼ自動的に相手の情動に共感する情動的な共感を表す項目も加えて，多次元尺度を作成し，その信頼性と妥当性を検討する。

本研究では，他の尺度との関係から，作成した尺度の妥当性の検討を行うことを目的として，対人的反応性指標（デイヴィス，1999），EESR（角田，1994），社会的望ましさ尺度（Crowne & Marlowe, 1960）を併せて実施する。これらの尺度は以下の理由により採用された。まず，対人的反応性指標（Interpersonal Reactivity Index, 略称 IRI）は，4 下位尺度からなる Davis（1983）作成の多次元共感性尺度であり，近年，国内，国外で広く用いられている（たとえば，Cliffordson, 2001；Loftus & Glenwick, 2001；神戸・坂本，2001；登張，2003；Wiehe, 2003）ために選択された。共感研究を展望した登張（2000）は，共感を多次元的に捉える既存の尺度は，IRI の 4 因子に還元しうる結果とな

っていることを指摘している。また，登張（2003）は，4下位尺度からなる新尺度を作成しているが，その尺度も対応するIRIの4下位尺度と，r=.74からr=.87までの高い相関が見出され，IRIの4因子に還元しうる結果となっている。したがって，本研究で新たに作成する多次元尺度が既存の多次元尺度であるIRIに包摂されないことが求められる。次に，EESR（角田，1994）は，先述のように，個別性の認識に基づいた共感のような複雑な共感を限定的に測定することは不可能な尺度と考えられるが，第1尺度の「共有経験」尺度は，相手と感情を共有する経験の量を測定しており，広く共感性を測定する尺度として妥当性を検討するのにふさわしいと判断され，選択された。最後に，社会的望ましさ反応尺度（Crowne & Marlowe, 1960）は，古くから自己報告式質問紙への社会的望ましさ反応の影響が指摘されている（たとえば，Taylor, 1961）ことより採用された。一般的に，尺度が社会的望ましさ反応と無相関であることが求められている（Taylor, 1961）。

　次に，共感が愛他的動機を生み出し（Batson, O'Quin, Fultz, Vanderplas, & Isen, 1981），無償で他者の援助をしようとする者の共感性尺度得点が高かった報告（Eisenberg-Berg & Mussen, 1978）より，本研究では，愛他的行動の1つであるボランティア活動参加状況の調査および研究1の愛他的態度の存否を判定基準とした面接調査の結果を活用し，愛他的行動および愛他的態度の有無が共感性尺度の得点差となって示されるかどうかを検討する。

　また，本研究では，教師の共感の特徴を教員養成系大学生との比較から検討する。林・河合（2002）は，看護師と看護学生の共感の差異を，質問紙調査により横断的に検討している。本研究でも，教師に加え，教員免許取得を目指す教員養成系大学生を調査対象とし，志向・学歴等を統制した上で，横断的な検討を行う。橋本（1991）は，青年の個別性の認識は孤独感につながると指摘し，また，角田（1995）は，他者理解につながる個別性の認識に基づいた共感を成人レベルの共感と呼び，成人と青年の共感に質的な差異があることに示唆を与えている。したがって，成人レベルの成熟した共感を想定

し作成する個別性の認識に基づく共感の尺度に，成人期の教師と青年後期の教員養成系大学生の反応の差異が示されることが予想される。

以上のように，本研究では，個別性の認識に基づいた共感次元と情動的な共感次元を含む新しい多次元共感性尺度を作成し，その信頼性と妥当性を検討することを第1の目的とし，学校教師と教員養成系大学生の共感の差異を検討することを第2の目的とする。

2 方法

(1) 調査対象

調査対象は，教員養成系大学で教師免許取得に必要な講義で，同大学で取得可能な全種類の教師免許を網羅する合計18講義を受講する大学生510名（男性201名，女性309名，平均年齢20.1歳，標準偏差1.02歳）と，愛知県内および岐阜県内で小（6校）・中（5校）・高（5校）・養護学校[10]（2校）合計18校に勤務する教師130名（男性54名，女性76名，平均年齢43.8歳，標準偏差10.8歳）の合計640名であった。また，本研究の一部で新たな分析を行った研究1の調査の参加者は，教職専門科目合計3講義を受講する教員養成系大学生16名（男性5名，女性11名，平均年齢20.1歳，標準偏差1.01歳）と，小（5校）・中（5校）・高（5校）合計15校に勤務する教師28名（男性10名，女性18名，平均年齢43.6歳，標準偏差9.30歳）で，前述の参加者とは異なる。前者の参加者に対する調査時期は，学校教師では，2002年2月〜3月であり，教員養成系大学生では，2003年2月〜3月であった。後者の研究1の参加者に対する調査時期は，2002年6月〜9月であった。

(2) 測度[11]

①共感体験尺度（筆者作成）

共感の認知的側面と情動的側面の両側面を含む定義の一つである「知覚し

---

10) 本研究においてのみ，養護学校に勤務する教師が少数含まれるが，学校種による差異は不明である。

た情動体験に対する反応者の代理的情動反応」という Feshbach & Roe (1968) の定義を踏まえつつ，情動反応以外の反応にも拡張して，共感を「他者の情動を認知し，その他者の情動に代理的に反応すること」と定義した。そして，受け手が情動的または認知的に反応する段階が含まれる表現となるように項目を作成した。

「自分には自分の感じ方があるように相手には相手の感じ方があるのだなと実感した」のように，相手と自分は異なる人間であるという自他の個別性の認識を強く反映する項目（14項目）と，「がっかりしている相手にとって，それがどんなに大きい期待だったのか考えた」のように，相手の立場に身をおいて考える認知機能を表す視点取得を強く反映する項目（14項目）を，筆者の教職経験および共感性に関する先行研究等を参考にして作成した。ただし，個別性の認識は，他者の視点取得が前提となるため，両者の明確な識別は困難と考えられ，以上の全てを高次の認知的過程（Davis, 1994）を経る「個別性の認識に基づいた共感」の測定尺度の項目の候補とした。また，「相手が楽しそうにしていて，自分まで楽しくなってきてしまった」のように，高度の認知的過程を経ない情動的共感を表す項目（13項目）も筆者が作成した。心理学研究者2名による内容の検討の後，2002年2月に，教員養成系大学生123名に対して，作成した項目を用いた予備調査を実施した。その結果，各項目に適当な分散が見出され，個人差測定のための尺度の作成が可能な項目群と判断した。

質問紙の教示は，「以下のような体験をどの程度したことがありますか。よく体験したことがあると思う場合には『よくあてはまる』を選ぶなど，それぞれ，『1.よくあてはまる』〜『4.全くあてはまらない』のどれか1つ

---

11) 現職教師に実施した質問紙を，調査質問紙1として巻末に添付した。また，教員養成系大学生に実施した質問紙を，調査質問紙2として巻末に添付した。なお，本研究で用いた尺度以外に，質問紙1では，5因子モデルに基づく性格特性尺度（筆者編集），質問紙2では，5因子モデルに基づく性格特性尺度に加え，心理的 well being 尺度（西田，2000），異性との付き合いの経験を問う項目，共感不全経験を問う自由記述型質問項目を併せて尋ねたが，本研究の分析からは除外された。

に○をつけてください。」であり，共感体験の多さを共感性の高さとみなし，共感体験の量を問う形式とした。そのため，作成した尺度を「共感体験尺度」と命名した。

②共感経験尺度改訂版（EESR）[12]

「共有経験」尺度と「共有不全経験」尺度，各10項目からなる角田（1994）が作成した尺度である。「1.全くあてはまらない」から「5.よくあてはまる」の5段階評定で回答を求めた。

③対人的反応性指標（IRI）[13]

認知的共感を測定する「視点取得」（7項目），情動的共感を測定する「ファンタジー」（7項目），「共感的配慮」（7項目），「個人的苦痛」（7項目）の合計28項目からなるDavis（1983）が作成した多次元尺度である。本研究では，デイヴィス（1999）の尺度を用いた。「1.全くあてはまらない」から「5.よくあてはまる」の5段階評定で回答を求めた。因子分析（主成分解・プロマックス回転）の結果，現行の4因子を構成する各7項目のうち，該当因子への負荷が低く，他の因子に高い負荷を示した各1項目，合計4項目を除外し，24項目を現行の尺度構成に従って用いることにした。なお，「視点取得」尺度項目には，受け手が情動的または認知的に反応する段階を示す表現が含まれていないため，本研究で作成した項目とは内容が異なる。

④社会的望ましさ尺度（SDS）

Crowne & Marlowe（1960）の社会的望ましさ尺度を北村・鈴木（1986）が邦訳したものである。「1.あてはまらない」，「2.あてはまる」の2段階評定で回答を求めた。原尺度同様，全33項目の得点を加算したものを用いた。なお，調査時期の先行した教師対象の調査において，社会的望ましさ尺度得点と筆者作成の共感体験尺度とは，ほぼ無相関であり，共感体験尺度は社会的望ましさ反応の影響をほとんど受けない尺度であると判断したため，

---

12) 因子分析を行った結果を，付録 Appendix 1 として巻末に添付した。
13) 因子分析を行った結果を，付録 Appendix 2 として巻末に添付した。

教員養成系大学生対象の調査では，④は実施しなかった。したがって，本研究の結果の記載からも除外した[14]。

⑤参加者の活動経験を問う項目

「1.現在，サークル活動（部活動）を定期的に行っている」，「2.現在，ボランティア活動を定期的に行っている」の2項目である。「1.あてはまらない」，「2.あてはまる」の2段階評定で回答を求めた。⑤は，教員養成系大学生のみに実施された。

(3) 調査手続き

教員養成系大学生（以下，大学生）には，講義時間の一部を割いて一斉に回答を求めた。教師には，職場に依頼し，会議後等の時間に一斉に回答を求めた場合と，個別に回答を求めた場合があった。個別回答においても，学校内で回答することを求めた。

3 結果と考察

本研究の以下の結果は，主として，統計パッケージSPSS11.0Jを用いて分析されたものであるが，完全直交プロクラステス回転においては，MATLAB言語による個人作成のプログラムを用いた。

(1) 尺度構成および信頼性の検討

共感体験尺度用に準備された41項目のうち，本研究の定義に沿わないと判断された1項目（項目39）を分析の対象から除外し，標本が比較的大きい大学生群の40項目の得点を用いて，探索的な因子分析（主成分解）を行った。因子の解釈可能性，各因子にかかる各項目の負荷量等を考慮して，10項目を除外し，残りの30項目の得点を用いて，再度，因子分析（主成分解）を行い，固有値の推移（第1固有値から第6固有値まで：7.71, 2.24, 1.53, 1.44, 1.18, 1.14）

---

[14] 教師対象の調査において相関分析を行った結果を，Table 3.7においてのみ，記載した。

および因子の解釈可能性から4因子を抽出後,プロマックス回転を施した(Table 3.1)。

第1因子に負荷の高い項目は,「相手が楽しそうにしていて,自分まで楽しくなってきてしまった(項目35)」など,相手のポジティブな感情を自分もポジティブに体験している項目であったので,第1因子を「ポジティブな情動に対する共感」(以下,「ポジティブ情動」)と命名した。第2因子に負荷の高い項目は,「相手がいらいらしていて,自分までいらいらした気分になってきた(項目37)」,「腹を立てている相手を見て,自分が同じ立場なら,同じように腹を立ててしまうだろうと思った(項目15)」など,相手のネガティブな情動が伝染する,または,相手のネガティブな状況に同情する項目であったので,第2因子を「ネガティブな情動に対する共感」(以下,「ネガティブ情動」)と命名した。第3因子に負荷の高い項目は,「自分の見かたはとりあえず置いておいて,相手の気持ちを理解しようとした(項目23)」など,自分とは異なる他者である相手の気持ちを尊重し,理解しようと努力している内容であったため,第3因子を「相手を尊重した共感」(以下,「相手尊重」)と命名した。第4因子に負荷の高い項目は,「自分には自分の感じ方があるように,相手には相手の感じ方があるのだなと実感した(項目10)」など,相手が自分とは異なる感じ方をする人間であることを意識した内容を示す項目であったため,第4因子を「相手との相違を意識した共感」(以下,「相違意識」)と命名した。第1・第2因子に高い負荷を示した項目は,相手の情動をほぼ自動的に共有する共感である情動的共感を想定して作成された項目であった。第3・第4因子に高い負荷を示した項目は,高度の認知的過程(Davis, 1994)を経ると想定して作成された項目で,個別性の認識に基づいた共感を表すと考えられた。各因子に.40以上の負荷量を示す項目で,各尺度の構成を行った。

共感体験尺度の各尺度のα係数を算出したところ(Table 3.2)「ポジティブ情動」($\alpha = .81$)と「ネガティブ情動」($\alpha = .80$)では,満足のいく値を示し

Table 3.1 共感体験尺度30項目によるプロマックス回転後の因子負荷量（教員養成系大学生，$N=510$）

項目	M	SD	1	2	3	4	共通性
第1尺度〈ポジティブな情動に対する共感〉7項目							
35 相手が楽しそうにしていて,自分まで楽しくなってきてしまった	3.16	.73	.96	-.10	-.22	.04	.64
29 相手のうれしそうな様子を見て,自分までうれしくなってきた	3.23	.67	.79	.02	-.14	-.09	.53
28 うまくいって喜んでいる相手の今までの努力を思って,心からうれしくなった	3.06	.79	.71	-.09	.09	-.01	.51
36 何かを期待している相手と一緒にいて,自分までわくわくしてきた	2.90	.77	.71	-.03	-.01	-.04	.46
2 自分とは全く違うタイプの人間だと思っていた相手が同じような気持ちでいるのがわかりうれしくなった	3.12	.88	.57	.05	.01	.06	.39
26 相手の話を聞いていて,相手の気持ちに自然についていけた	2.88	.73	.48	.05	.20	.05	.43
24 喜んでいる相手を見て,喜んでいる理由が自分にもわかった	3.10	.70	.46	.07	.12	.06	.35
第2尺度〈ネガティブな情動に対する共感〉10項目							
37 相手がいらいらしていて,自分までいらいらした気分になってきた	2.82	.90	-.04	.72	-.37	.13	.36
15 腹を立てている相手を見て,自分が同じ立場なら,同じように腹を立ててしまうだろうと思った	3.13	.72	-.09	.70	-.18	.19	.37
20 不安がっている相手を見て,自分が同じ状況に置かれたら,同じようになるだろうと思った	3.06	.75	-.20	.66	.16	.18	.47
31 相手が怪我をして痛がっているのを見て,自分も痛いような気になった	2.75	.92	-.01	.62	-.06	-.04	.33
18 相手と同じような目にあったら,自分だってとても辛いだろうと思った	3.34	.66	-.04	.56	.21	.16	.50
33 相手が落ち込んだ様子をしていて,自分まで気分が沈んだ	2.92	.79	.23	.53	-.03	-.02	.45
30 相手が泣いているのを見て,自分まで泣けてきてしまった	2.78	.95	.25	.49	-.12	-.23	.41
38 相手の辛そうな様子を見て,気の毒になった	3.23	.68	-.02	.48	.31	-.02	.47
40 寂しそうな相手を見て,かわいそうに思った	3.09	.73	-.17	.46	.43	-.05	.46
34 辛そうにしている相手の話を聞いていて,自分も辛い気持ちになった	2.87	.71	.25	.43	.06	-.26	.47
第3尺度〈相手を尊重した共感〉6項目							
22 自分も相手と同じように腹を立てていたが,まず,相手はどう思っているのかを考えた	2.51	.83	-.22	-.22	.87	.13	.52
23 自分の見かたはとりあえず置いておいて,相手の気持ちを理解しようとした	2.90	.78	.09	-.25	.73	.17	.51
5 相手のかわりはできないが,せめて辛い気持ちを共有したいと思った	2.72	.91	.17	.08	.56	-.20	.52
27 がっかりしている相手にとって,それがどんなに大きな期待だったのか考えた	2.67	.88	-.04	.08	.49	-.08	.26
1 本当に同じ苦しみを体験することはできないが,相手と悩みを分かち合うことはできると思った	3.00	.80	.32	.02	.44	-.13	.47
13 育った環境も違う相手なのだから,相手の気持ちを少しでも知ることができてよかったと思った	3.15	.78	.39	-.14	.43	.01	.45
第4尺度〈相手との相違を意識した共感〉7項目							
8 相手の感じ方がしっくりこなくて,人によって感じ方は異なるのだなと実感した	3.34	.67	-.03	.02	.29	.65	.56
9 相手が悲しんでいても,そんなに悲しむことのかなあと思った	2.77	.76	-.09	-.02	-.11	.59	.36
10 自分には自分の感じ方があるように,相手には相手の感じ方があるのだなと実感した	3.57	.61	.22	.04	.10	.56	.46
14 相手が腹を立てているのを見て,そんなに怒らなくても済むことじゃないかなあと思った	3.16	.73	-.19	.07	.16	.48	.26
17 うれしそうな様子をしている相手を見て,何かうれしいことがあったのだと思った	3.41	.59	.32	.22	-.16	.46	.40
19 相手の話を聞いていて,なるほどそういう感じ方もあるんだなあと納得した	3.53	.59	.39	.00	-.04	.45	.37
11 どんなに親しい相手でも,相手の思いをすっかりわかることはできないと思った	3.29	.78	-.05	.15	-.11	.44	.20
因子間相関 1				.62	.57	.10	
2					.56	.05	
3						.14	
4							

たが,「相手尊重」($\alpha = .73$) と「相違意識」($\alpha = .66$) では,高い値を示さなかった。表現が単純な情動的共感を表す項目間では,意味の捉え方が均一であるが,個別性の認識に基づいた共感を表す項目では,表現が複雑化し,多元的な意味が包含されることにより,項目間で意味的差異が生じやすくなったと考えられる。

(2) 妥当性の検討―既存の共感性尺度（IRI, EESR）との関連

大学生群における全下位尺度間の相関分析の結果および下位尺度のα係数をTable 3.2に掲載した。

Table 3.2 尺度間の相関係数および各尺度のα係数（大学生, $N=510$）

	ポジティブ情動	ネガティブ情動	相手尊重	相違意識	共有経験	不全経験	ファンタジー	視点取得	共感的配慮	個人的苦痛
ポジティブ情動	(.81)									
ネガティブ情動	.62**	(.80)								
相手尊重	.58**	.54**	(.73)							
相違意識	.28**	.26**	.26**	(.66)						
EESR共有経験	.54**	.47**	.39**	.09*	(.83)					
EESR不全経験	−.21**	−.16**	−.21**	.26**	−.25**	(.90)				
IRIファンタジー	.21**	.28**	.13**	.06	.21**	−.09*	(.82)			
IRI視点取得	.14**	.14**	.40**	.24**	.13**	−.01	.09*	(.69)		
IRI共感的配慮	.39**	.40**	.40**	.11*	.25**	−.17**	.17**	.23**	(.64)	
IRI個人的苦痛	.06	.30**	.09*	.14**	.11*	.04	.18**	.02	−.04	(.70)

注) $*p < .05$, $**p < .01$, （ ）内はα係数

① IRI（対人的反応性指標）との関連

相関分析の結果（Table 3.2），IRIの「個人的苦痛」と共感体験尺度の「ポジティブ情動」，IRIの「ファンタジー」と共感体験尺度の「相違意識」の間が無相関であったことを除き，IRIの下位尺度と共感体験尺度の下位尺度との間に正の相関が認められ，共感体験尺度が共感を測定していることを支持する結果が得られた。

共感体験尺度が，IRIによってどの程度説明されるかを検討するために，引き続き，IRIの4下位尺度得点を独立変数，共感体験尺度4下位尺度得点

を従属変数とした強制投入法による重回帰分析を行った (Table 3.3)。重回帰式全体の説明率は R^{*2} (自由度調整済み重決定係数) = .07 から .28 までの低い値を示し，共感体験尺度の得点は，IRI の 4 下位尺度の和では十分に説明できないことが示され，共感体験尺度の独自性を支持する結果が得られた。なお，情動的な共感として構成された「ポジティブ情動」および「ネガティブ情動」で，最も明確な認知的尺度 (Davis, 1983) とされる「視点取得」の β (標準偏回帰係数) が有意にならず，認知的意味合いの強い「相手尊重」および「相違意識」で，「視点取得」が有意になったことは，本研究の尺度構成の意図に合致する結果と考えられる。

Table 3.3 IRI を独立変数とした重回帰分析（大学生，N=510）

	ポジティブ情動	ネガティブ情動	相手尊重	相違意識
	β	β	β	β
ファンタジー	.14**	.16**	.07	.00
視点取得	.05	.03	.32**	.22**
共感的配慮	.36**	.38**	.34**	.07
個人的苦痛	.05	.29**	.06	.14**
R^{*2}	.18**	.28**	.28**	.07**

注) **$p < .01$

② EESR（共感経験尺度改訂版）との関連

EESR の「共有経験」は，IRI の全ての下位尺度との間で有意な正の相関が認められ，EESR の「共有経験」尺度が共感を測定していることを支持する結果が得られた。そして，「共有経験」尺度と共感体験尺度の全ての下位尺度との間に有意正の相関が認められ，共感体験尺度の共感性尺度としての妥当性が支持された。他方，EESR の「共有不全経験」は，IRI の「ファンタジー」，「共感的配慮」との間で有意な負の相関が見出され，「視点取得」，「個人的苦痛」との間では，無相関であった。以上より，「共有不全経験」の得点の高さが共感性の高さを測定していないことが示唆され，「共感体験尺度」の構成概念妥当性の検討には適さないと判断された。

(3) 妥当性の検討—愛他的態度・行動との関連
①ボランティア活動との関連

ボランティア活動とサークル活動参加の有無により，共感性を測定する尺度の平均値に差が認められるか否かを検討するため，大学生の共感体験尺度，EESR，IRIの合計10個の下位尺度得点を用いて，t検定を行った（Table 3.4, Table 3.5）。いずれの検定においても，ボンフェローニの方法に従い，有意水準を1/10に調整した。ボランティア活動参加者（$n=96$）の平均値が不参加者（$n=398$）の平均値よりも有意に高かったのは，共感体験尺度の「相手尊重」（$t(492)=3.08, p<.002$）であった。サークル活動参加者（$n=292$）の平均値が不参加者（$n=211$）の平均値よりも有意に高かった尺度はなかった。共感体験尺度の「相手尊重」の得点に，サークル活動参加の有無で

Table 3.4 ボランティア活動参加の有無による共感性尺度の平均値の差（大学生，$N=501$）

	ボランティア	人数	M	SD	F検定	t値	p値
ポジティブな情動に対する共感	なし	398	21.29	3.67	.291	-2.39	.017
	あり	96	22.27	3.32			
ネガティブな情動に対する共感	なし	397	30.02	4.58	.136	.07	.947
	あり	98	29.98	5.14			
相手を尊重した共感	なし	400	17.16	3.28	.186	-3.08	.002*
	あり	99	18.26	2.87			
相手との相違を意識した共感	なし	398	23.03	2.64	.601	-.60	.551
	あり	98	23.20	2.73			
EESR共有経験	なし	401	36.52	6.10	.193	-2.69	.010
	あり	99	38.32	5.33			
EESR不全経験	なし	398	34.15	7.02	.872	.66	.512
	あり	97	33.63	6.87			
IRIファンタジー	なし	402	20.65	4.98	.666	-1.56	.119
	あり	99	21.52	4.84			
IRI視点取得	なし	401	19.72	4.01	.453	-1.74	.083
	あり	99	20.49	3.71			
IRI共感的配慮	なし	400	22.09	3.15	.132	-2.65	.011
	あり	99	23.05	3.50			
IRI個人的苦痛	なし	402	20.23	4.01	.479	1.91	.057
	あり	98	19.36	4.33			

注) ボンフェローニの方法により，有意水準を1/10に修正した。したがって，通常の5%水準（*）に相当する値は，$p<.005$である。

は有意差がなく，ボランティア活動参加の有無によってのみ，有意差が認められたことにより，愛他的行動につながる共感性を測定する尺度としての「相手尊重」尺度の妥当性が示された。

②相手の話を聴く態度との関連

　研究１で「愛他的」と「非愛他的」に評定された参加者の共感体験尺度，EESR，IRIの合計10個の下位尺度の平均値に差が認められるか否かを検討するため，２カテゴリーのいずれかに３名の評定者により分類された者（$n=37$）の下位尺度得点を用いて，t検定を行った（Table 3.6）。ボンフェローニの方法に従い，有意水準を１/10に修正した場合，「非愛他的」に評定された者（$n=21$）よりも「愛他的」に評定された者（$n=16$）の方が共感体験尺度の「相手尊重」の平均値が有意に高く（$t(35)=2.98, p<.005$），他の共感性

Table 3.5　サークル活動参加の有無による共感性尺度の平均値の差（大学生，$N=503$）

	クラブ	人数	M	SD	F検定	t値	p値
ポジティブな情動に対する共感	なし	209	21.52	3.77	.486	.25	.802
	あり	287	21.44	3.51			
ネガティブな情動に対する共感	なし	211	30.28	4.85	.265	1.12	.263
	あり	286	29.81	4.56			
相手を尊重した共感	なし	211	17.13	3.36	.280	-1.41	.158
	あり	290	17.54	3.11			
相手との相違を意識した共感	なし	211	23.22	2.70	.657	1.12	.262
	あり	287	22.95	2.62			
EESR共有経験	なし	211	36.81	5.83	.391	-.23	.822
	あり	291	36.93	6.10			
EESR不全経験	なし	211	34.12	7.10	.544	.16	.872
	あり	286	34.02	6.89			
IRIファンタジー	なし	211	21.09	4.82	.393	.97	.331
	あり	292	20.66	5.07			
IRI視点取得	なし	211	19.65	3.92	.732	-1.18	.239
	あり	291	20.07	4.00			
IRI共感的配慮	なし	209	22.19	3.35	.427	-.56	.575
	あり	292	22.36	3.16			
IRI個人的苦痛	なし	211	20.31	3.96	.290	1.19	.234
	あり	291	19.87	4.17			

Table 3.6 面接の評定による共感を測定する尺度の平均値の差 (N=38)

	面接評定	人数	M	SD	F検定	t値	p値
ポジティブな情動に対する共感	愛他的	16	21.69	1.89	.10	.60	.448
	非愛他的	21	21.09	2.65			
ネガティブな情動に対する共感	愛他的	16	29.25	3.28	.21	-.07	.956
	非愛他的	21	29.32	4.05			
相手を尊重した共感	愛他的	16	19.25	1.98	.05	2.98	.005 *
	非愛他的	21	16.64	3.39			
相手との相違を意識した共感	愛他的	16	22.13	1.86	.01	-1.28	.243
	非愛他的	21	23.14	3.01			
EESR共有経験	愛他的	16	36.40	3.60	.15	.26	.876
	非愛他的	21	36.14	5.78			
EESR不全経験	愛他的	16	31.14	6.78	.74	-1.35	.188
	非愛他的	21	34.23	6.66			
IRIファンタジー	愛他的	16	22.75	4.11	.03	.34	.756
	非愛他的	21	22.14	7.01			
IRI視点取得	愛他的	16	22.56	4.27	.14	1.63	.111
	非愛他的	22	20.00	5.11			
IRI共感的配慮	愛他的	16	23.19	2.56	.22	.01	.996
	非愛他的	22	23.18	3.58			
IRI個人的苦痛	愛他的	16	21.06	3.02	.03	-1.27	.213
	非愛他的	22	22.68	4.40			

注) ボンフェローニの方法により, 有意水準を1/10に修正した。したがって, 通常の5%水準 (*) に相当する値は, $p < .005$ である。

尺度では, 差が認められなかった。「相手尊重」尺度のみで, 愛他的態度の存否の差が得点差として現れたことは, 「相手尊重」尺度の愛他的態度につながる共感性を測定する尺度としての妥当性を支持する結果と考えられる。

(4) 「共感体験尺度」に示された学校教師と教員養成系大学生の差異

教師群における全下位尺度間の相関分析の結果および下位尺度のα係数をTable 3.7に掲載した。

Table 3.7　尺度間の相関係数および各尺度のα係数（教師，N=130）

	ポジティブ情動	ネガティブ情動	相手尊重	相違意識	共有経験	不全経験	ファンタジー	視点取得	共感的配慮	個人的苦痛	社会的望ましさ
ポジティブ情動	(.80)										
ネガティブ情動	.55**	(.82)									
相手尊重	.63**	.49**	(.75)								
相違意識	.40**	.24**	.21*	(.65)							
EESR共有経験	.40**	.53**	.36**	-.04	(.87)						
EESR不全経験	-.33**	-.22**	-.35**	.09	-.24**	(.91)					
IRIファンタジー	.27**	.36**	.07	.06	.35**	-.11	(.83)				
IRI視点取得	.16	.07	.30**	.22**	-.06	-.14	.08	(.75)			
IRI共感的配慮	.42**	.37**	.35**	.21*	.15	-.35**	.24**	.32**	(.67)		
IRI個人的苦痛	.11	.38**	.05	.14	.21*	.06	.28**	.04	.10	(.77)	
社会的望ましさ	.02	-.18*	.01	-.11	-.25	-.17	-.27**	.02	-.10	-.48**	(.80)

注）**p<.01，*p<.05，（　）内はα係数

①教師群における共感体験尺度の因子分析結果

大学生群データにより選定された30項目において，教師群の項目得点を用いて，仮説的構造を基準として検討する完全直交プロクラステス回転を行った。ターゲット行列として，各項目の列について，大学生群で構成した下位尺度に該当する部分を1，他を0とする目標パターンを作成した。解析の結果，3項目（項目2，5，19）が仮説的構造と一致せず，大学生群の方が，記述された情動の種類に直接的に反応する傾向が窺われ，2群の因子構造の差異は，標本誤差の範囲内にあるものではないと判断された。しかし，大学生群と教師群のデータを合わせた因子分析（主成分解，プロマックス回転）結果では，各因子に最大の負荷を示す項目群が大学生群のデータのみを用いた因子分析結果と完全に一致していたこと，また，大学生群データを用いて決定された尺度構成に従った場合，教師群での4つの下位尺度のα係数が，それぞれ，大学生群とほぼ同値であったことより，大学生群で構成された尺度

は，教師群データの適用可能範囲であると判断され，大学生群の尺度構成に従って，以下の検討を行うことにした。

②**下位尺度の平均値における差異**

EESR, IRI, 共感体験尺度の合計10個の下位尺度得点に対して，性別（男・女）×職業（大学生・教師）の2要因の多変量分散分析を行った。全体として，性別の主効果（$F(10, 596) = 3.39, p < .001$）と職業の主効果（$F(10, 596) = 4.55, p < .001$）が認められたが，性別と職業の交互作用（$F(10, 596) = 1.44, ns$）は認められなかった。各下位尺度の平均値，標準偏差および分散分析の結果をTable 3.8に掲載した。IRIの「個人的苦痛」，共感体験尺度の「ポジティブ情動」，「ネガティブ情動」で，女性の方が男性よりも得点が高かった。女性の方が情動的共感の得点が高いという結果は，多くの先行研究の結果と一致する（たとえば，Meherabian & Epstein, 1972; Hoffman, 1977）。また，IRIの「個人的苦痛」，共感体験尺度の「ポジティブ情動」，「ネガティブ情動」，「相違意識」は，大学生の方が教師よりも得点が高かった。看護学生と看護師の比較を行った林・河合（2002）では，看護学生の方が看護師よりも「共感的配慮」の得点が高く，また，看護師の経験年数の短い者の方が長い者よりも「個人的苦痛」の得点が高い結果を得ている。林・河合（2002）において，共感を測定する尺度に発達差による平均値の上昇が認められなかったことは，本研究の結果と一致する。また，大学生の「相違意識」の得点の高さは，他者との相違を自明とは認知せず，相違を意識する体験が驚きやとまどいの体験となっていることが大学生では多いとする研究1の指摘とも関連すると考えられ，全体的に，教師よりも大学生の方が主観的な感情体験が多いことが窺われた。

Table 3.8 各下位尺度の平均値および分散分析結果 (N=640)

	男子学生		女子学生		男性教師		女性教師		性差			職業		
	M	SD	M	SD	M	SD	M	SD	F値	p値		F値	p値	
EESR共有経験	35.65	(6.65)	37.70	(5.41)	35.02	(7.09)	35.84	(6.60)	5.60	.018		4.57	.049	
EESR不全経験	34.11	(7.43)	34.11	(6.78)	33.35	(7.10)	32.16	(7.03)	1.05	.306		3.36	.064	
IRIファンタジー	19.67	(5.20)	21.55	(4.73)	20.31	(4.95)	20.60	(4.65)	4.45	.035		.02	.753	
IRI視点取得	19.83	(4.21)	19.90	(3.91)	20.19	(3.54)	20.39	(3.91)	.08	.782		1.21	.300	
IRI共感的配慮	22.41	(3.57)	22.29	(2.98)	22.71	(2.81)	23.54	(2.98)	1.55	.214		6.33	.018	
IRI個人的苦痛	19.08	(4.47)	20.69	(3.76)	17.46	(4.24)	19.43	(4.37)	17.47	.000	*男<女	9.77	.001	*学生>教師
ポジティブな情動に対する共感	20.68	(3.69)	21.99	(3.59)	19.71	(2.75)	21.07	(3.22)	16.34	.000	†男<女	7.26	.007	†学生>教師
ネガティブな情動に対する共感	28.52	(4.75)	30.96	(4.41)	28.02	(4.03)	28.94	(4.30)	15.45	.000	*男<女	7.68	.006	†学生>教師
相手を尊重した共感	16.98	(3.29)	17.52	(3.30)	16.38	(3.01)	17.22	(2.56)	5.82	.016		2.21	.178	
相手との相違を意識した共感	22.88	(2.78)	23.24	(2.57)	21.88	(2.24)	22.10	(2.62)	.82	.364		14.77	.000	*学生>教師

注）ボンフェローニの方法により、有意水準を1/10に修正した。従って、通常の5%水準（*）に相当する値は、p＜.005であり、通常の10%水準（†）に相当する値は、p＜.01である。

③下位尺度単位の因子分析結果における差異

　大学生と教師の2群において，下位尺度間の関係を検討するため，EESR，IRI，共感体験尺度の合計10個の下位尺度得点を用いて，群ごとに因子分析（主成分解・プロマックス回転）を行った。2群ともに，第1固有値と第2固有値が1を超えたことより，因子数を2と定めた。回転後の結果をTable 3.9とTable 3.10に示した。

　共感体験尺度の「相違意識」と他の尺度との関係において，2群の相違が顕著であった。「相違意識」と同一の因子に高い負荷を示したのは，大学生では，「共有不全経験」と「視点取得」であり，教師では，「視点取得」，「相手尊重」，「ポジティブ情動」，「共感的配慮」であった。自他の個別性を認識するという「相違意識」が有する認知的側面によって，大学生，教師の両者において，「相違意識」が「視点取得」と同一の因子に高い負荷を示したと考えられる。しかし，大学生のみで，「相違意識」が他者との感情の「共有不全経験」と関連していた。大学生にとって，他者との相違を意識する体験は，他者の感情理解につながる共感とはいえないと考えられる。他方，教師では，「相違意識」が他の共感性尺度と関連し，他者の感情理解と関連することが示された。以上のことは，大学生では，個別性を意識することにより，相手を遠ざけ，相手を理解することを放棄してしまう者が多いが，教師では，相手の個別性を前提に，相手に開かれた態度を取る者が多いとする研究1の結論と整合すると思われる。

Table 3.9 下位尺度単位の因子分析（大学生，N=510）

	1	2	共通性
ポジティブな情動に対する共感	.80	.09	.66
ネガティブな情動に対する共感	.76	.18	.64
相手を尊重した共感	.74	.20	.63
EESR共有	.71	-.10	.50
IRI共感的配慮	.61	.00	.37
相手との相違を意識した共感	.14	**.80**	.68
EESR共有不全	-.50	.69	.65
IRI視点取得	.27	.40	.26
IRIファンタジー	.38	.04	.15
IRI個人的苦痛	.12	.34	.14
因子間相関 1	1.00	.10	
2	.10	1.00	

Table 3.10 下位尺度単位の因子分析（教師，N=130）

	1	2	共通性
IRI視点取得	.74	-.42	.45
相手を尊重した共感	.73	.13	.65
ポジティブな情動に対する共感	.71	.23	.70
IRI共感的配慮	.69	-.02	.46
相手との相違を意識した共感	**.55**	.01	.30
EESR共有	.03	.74	.56
IRI個人的苦痛	-.27	.73	.42
ネガティブな情動に対する共感	.27	.69	.71
IRIファンタジー	-.05	.67	.42
EESR共有不全	-.39	.08	.16
因子間相関 1	1.00	.45	
2	.45	1.00	

4 総合考察

本研究では，高次の認知的過程を経る個別性の認識に基づいた共感を成人レベルの共感と想定し，それを表す項目を重点的に作成した。個別性の認識に基づいた共感を表す2下位尺度（「相手を尊重した共感」，「相手との相違を意識した共感」）と，情動的な共感（「ポジティブな情動に対する共感」，「ネガティブな情動に対する共感」）を表す2下位尺度からなる多次元共感性尺度が構成さ

れ,「共感体験尺度」と命名された。理論的に関連が仮定される他の尺度との相関関係より,共感体験尺度の共感性尺度としての妥当性が支持された。また,既存の多次元共感性尺度に包摂されない独自性が示された。さらに,共感体験尺度の「相手を尊重した共感」尺度得点のみが,ボランティア活動および話を聞く際の愛他的態度との関連を示し,愛他的行動および態度と関連するのは,情動的な共感ではなく,個別性の認識に基づいた共感であることが示された。

教師と教員養成系大学生の共感性の発達的差異は,尺度の平均値の上昇としては現れず,尺度間の関係の差として現れた。大学生では,「相違意識」と感情の「共有不全経験」との関連が強く,教師では,「相違意識」と他の共感性尺度との関連が強かった。教師では,「相違意識」の得点の高さは他者の感情理解につながる共感性の高さと解釈できるが,大学生では,その高さとは解釈しがたく,群によって尺度自体の持つ意味が異なったと考えられる。以上のことは,橋本・角田 (1992) および角田 (1994, 1995) が,成人レベルの共感として,個別性の認識に基づいた共感を想定し,青年レベルの共感と区別したことを支持する結果といえよう。

本研究の問題点として,教師群のサンプルサイズが小さかったために,主として,大学生群のデータに基づいて尺度構成を行ったことや,教師群の年齢分布が広く,参加者が等質でない可能性があったことが挙げられる。今後,教師群の標本を大きくした再調査が望まれる。標本を大きくすることにより,校種・年齢・性差・経験差等を考慮した検討や,本研究で一部示唆された教師群と教員養成系大学生群における尺度間構造の差異の再検討が可能になると思われる。

第2節　教師の共感性と学校における同僚関係 および教師―生徒関係との関連【研究4】[15]

1　問題と目的

　研究3（第1節）では，学校教師に適用することを目的とした「共感体験尺度」を作成し，教師の内的な共感体験の量を測定した。共感の多次元的な視点の有効性を，登張（2000）が指摘し，多次元的な共感性の中で，次元により，他の変数との関連が異なることに言及している。そこで，尺度作成においては，共感の多次元的視点（登張，2000）を踏まえた上で，共感過程の差異により，単純な認知過程（Davis, 1994）を経ると考えられる「情動的な共感」と，他者の視点取得をベースとした高次の認知過程（Davis, 1994）を経ると考えられる認知的な意味合いの強い「成人レベルの共感」（角田，1995）である「個別性の認識に基づいた共感」の2次元を想定した。そして，「情動的な共感」を表す「ポジティブな情動に対する共感」と「ネガティヴな情動に対する共感」の2下位尺度と，「個別性の認識に基づいた共感」を表す「相手を尊重した共感」と「相手との相違を意識した共感」の2下位尺度の合計4下位尺度からなる多次元共感性尺度を作成した。研究3での調査結果においては，①「相手を尊重した共感」尺度得点と愛他的な態度よび行動との間に関連が見られたこと，②教師では「相手との相違を意識した共感」尺度得点と他の共感尺度得点との間に関連が認められたが，比較のために調査対象とした教員養成系大学生では，当該尺度得点と他の共感尺度得点との間より，感情の共有不全経験を表す尺度得点との間の関連が強く，全体として，「相手との相違を意識した共感」と他の変数との相関関係に発達的な差異が認められたことが，大きな特徴であった。

　上記のように，研究3において，学校教師の共感性を実際に測定し，作成

---

[15] 研究4は「鈴木郁子　2007　教師の共感性と学校における教師の対人関係との関連―教師対象の質問紙調査から―　学校心理学研究，7，3-10.」を加筆修正したものである。

した尺度の得点の妥当性を検討した意義は認められる。しかし，研究3では，教師の共感性の高さと教育現場におけるポジティブな側面との関連については検討していないため，教師の共感性を高めることが学校教育にとって有益であることを，積極的に論じる根拠を得ていない。共感を対人関係の重要な基盤（難波・國方，2002）とする考えは広く浸透し，看護学の分野では，看護師の共感に関する多くの研究がなされている（たとえば，藤本，2000；新田，2002）。しかしながら，共感が実際の職場の対人関係で有効に機能しているか否かの検討は，看護学分野でも，ほとんど行われてきていないのである。また，研究3では，学校教師のサンプルサイズが小さく，教員養成系大学生のデータをもとにして尺度を構成したことや，20代から60歳までの年齢幅の大きい研究参加者を，全て教師として一括して扱ったことも問題として残されている。教師のライフコースを扱った山崎（2002）は，年齢によって，教師の意識や力量に差異があることを明らかにしている。したがって，教師を対象とした研究においては，教師間の年齢差を考慮する必要があると考えられる。

　以上より，本研究では，研究3で作成された「共感体験尺度」を，教師の大規模なデータに基づいて再構成した上で，当該尺度によって測定される共感性と，学校における教師の対人関係との関連を探り，教師の職場の対人関係である同僚との関係および生徒との関係に，多次元の共感性のどの次元が強く影響を及ぼしているかを検討する。また，教師の年齢差を考慮し，特に，個別性の認識に基づいた共感を測定する尺度の得点と，他の尺度得点との相関関係に年齢による差異が生じるか否かを確認することにする。

2　方法

(1) 調査対象

　公立小学校12校，中学校10校，高等学校9校に勤務する学校教師623名（男性315名，女性308名，平均年齢43.3歳，標準偏差9.84歳）を調査の対象とした。

(2) **調査時期**
　2005年2月～3月であった。
(3) **調査手続き**
　上記の小・中・高等学校の各職場に依頼して，910名分の質問紙を郵送し，各職場で，学校教師が空き時間を利用して，個別に回答した。623名分の質問紙が，職場単位で郵送により返却され，その回収率は，68.5%であった。
(4) **調査内容**
①**共感体験尺度**（30項目）
　研究3で作成した尺度である。「情動的な共感」を表す第1尺度「ポジティブな情動に対する共感」（10項目）および第2尺度「ネガティブな情動に対する共感」（7項目）と，「個別性の認識に基づいた共感」を表す第3尺度「相手を尊重した共感」（7項目）および第4尺度「相手との相違を意識した共感」（6項目）の4下位尺度からなる。質問紙の教示は，「以下のような体験をどの程度したことがありますか。よく体験したことがあると思う場合には『よくあてはまる』を選ぶなど，それぞれ，『よくあてはまる』～『全くあてはまらない』のどれか1つに○をつけてください。」であり，4段階評定であった。
②**教師―生徒関係，同僚関係を問う項目群**（15項目）
　「教師のやりがい尺度」（河村，2001）の4下位尺度の中で，「子どもとの関わりと職場環境の満足感」尺度（11項目）が，教師の学校での教師―生徒関係および同僚関係を問う項目群と考えられたため，内容が一般的過ぎる「子どもと話したり，一緒に活動したりする」の1項目を除外した後の10項目を，過去形に変更して用いた。また，「学校・場面ストレス尺度」（河村，2001）の6下位尺度の中で，「同僚教師との関わり」尺度を構成する3項目が，教師の同僚関係を表しているため，表現を過去形に変更して用いた。本研究では，教師―生徒関係と，同僚関係とを分離して測定することを目的と

しているため，項目数が少ないと予想される同僚関係に関する項目群に，Teacher Job Satisfaction Questionnaire（Lester, 1987）から1項目（「職場の同僚と仲良くやってきた」），Minnesota Satisfaction Questionnaire（Weils, Davis & England, 1967）から1項目（「職場の同僚と親密な関係を育む機会があった」）を日本語訳して加えることにした。教師―生徒関係を問う項目群では，「子ども」を「生徒（児童）」に変更した。質問紙の教示は，「今年度中に，以下の体験をどの程度しましたか。よく体験した方だと思う場合は，『よくあてはまる』を選ぶなど，『よくあてはまる』～『全くあてはまらない』までのどれか1つに○をつけてください。」であり，4段階評定であった。なお，「学校・場面ストレス尺度」（河村，2001）のその他の下位尺度を構成する5項目も同時に実施したが，本研究の調査内容とは異なるため，本研究の分析から除外した。

その他，自由記述型の質問項目10項目および教師の信念を問う43項目を併せて実施したが，本研究の調査内容とは異なるため，分析から除外した。

3 結果と考察

本研究の以下の結果は，主として，統計パッケージSPSS13.0Jにより分析されたものであるが，プロクラステス回転に関しては，村上（2006）が用いられた。

(1) 諸尺度の検討
①「共感体験尺度」の再構成

研究3では，学校教師のサンプルサイズが130名と比較的小さかったため，相対的にサイズの大きい教員養成系大学生510名のデータをもとに尺度構成を行った。本研究では，研究3で得られた因子構造が学校教師にあてはまるか否かを確認するために，教師623名の項目得点を用いて，斜交プロクラステス回転を行った。ターゲット行列として，各項目の列について，研究

3で構成した下位尺度に該当する部分を1，他を0とする目標パターンを作成した。第1固有値から第6固有値までの推移は，6.74，2.01，1.89，1.53，1.19，1.09であり，研究3と同様の4因子が妥当と判断された。各項目における因子負荷量（Table 3.11）を検討すると，該当因子に最大の負荷を示さなかったか，または，他の因子にも同等に高い負荷を示した項目が3項目見られたため，これらを除外して，尺度を再構成することにした。「ポジティブな情動に対する共感」尺度および「相手を尊重した共感」尺度は，前回通りの項目群となり，α係数は，それぞれ，.78と.70であった。「ネガティブな情動に対する共感」尺度では，「相手がいらいらしていて，自分までいらいらした気分になってきた」および「相手が泣いているのを見て，自分まで泣けてきてしまった」という相手の抱く感情をほぼ自動的に抱いてしまう情動伝染的な項目が除外された。除外後の尺度のα係数は，.78であった。上記の2項目が除外された「ネガティブな情動に対する共感」は，より同情的なニュアンスの強い尺度となったと考えられる。研究3では，教師より大学生の方が，記述された情動の種類に直接的に反応する傾向が強いことを指摘しているが，本研究の結果からも，同様の傾向が窺える。最後に，「相手との相違を意識した共感」尺度では，「うれしそうな様子をしている相手を見て，何かうれしいことがあったのだと思った」が，「ポジティブな情動に対する共感」の方に，比較的高い負荷を示したため，削除された。この項目は，内容的に，研究3であらかじめ削除すべきであった項目とも考えられる。「相手との相違を意識した共感」尺度のα係数は.63で，高い内的整合性を示さなかった。「個別性の認識に基づいた共感」を表す項目では，表現が複雑化し，多元的な意味が包含されることにより，項目間で意味的差異が生じやすいことが，研究3ですでに指摘されている。特に，「相手との相違を意識した共感」を構成する項目では，項目ごとに，回答者が思い浮かべる意味に差異が生じてしまい，項目得点を加算した尺度得点の安定性という観点からは，望ましい尺度とは言い難いことを示している。

Table 3.11 共感体験尺度の斜交プロクラステス回転後の因子負荷量, 平均値および標準偏差 (N=623)

	M	SD	1	2	3	4	共通性
〈ポジティブな情動に対する共感〉							
35 相手が楽しそうにしていて,自分まで楽しくなってきてしまった	3.19	.67	.81	.12	.05	.01	.68
29 相手のうれしそうな様子を見て,自分までうれしくなってきた	3.43	.60	.76	-.02	.13	.06	.61
28 うまくいって喜んでいる相手の今までの努力を思って,心からうれしくなった	3.11	.66	.53	.17	.30	-.03	.40
36 何かを期待している相手と一緒にいて,自分までわくわくしてきた	2.77	.74	.59	.30	.11	-.05	.46
2 自分とは全く違うタイプの人間だと思っていた相手が同じような気持ちでいるのがわかりうれしくなった	2.98	.72	.33	.23	.25	.19	.26
26 相手の話を聞いていて,相手の気持ちに自然についていけた	2.76	.63	.45	.24	.23	.00	.31
24 喜んでいる相手を見て,喜んでいる理由が自分にもわかった	3.00	.62	.40	.22	.30	-.05	.30
〈ネガティブな情動に対する共感〉							
37 相手がいらいらしていて,自分までいらいらした気分になってきた(削除)	2.66	.81	.20	.60	-.60	.15	.79
15 腹を立てている相手を見て,自分が同じ立場なら,同じように腹を立ててしまうだろうと思った	2.66	.68	.06	.73	-.30	.02	.63
20 不安がっている相手を見て,自分が同じ状況に置かれたら,同じようになるだろうと思った	3.05	.70	-.10	.55	.18	.08	.35
31 相手が怪我をして痛がっているのを見て,自分も痛いような気になった	2.61	.81	.11	.56	-.02	-.02	.32
18 相手と同じような目にあったら,自分だってとても辛いだろうと思った	3.14	.61	.02	.44	.28	.12	.29
33 相手が落ち込んだ様子をしていて,自分まで気分が沈んだ	2.58	.68	.21	.76	-.25	.11	.70
30 相手が泣いているのを見て,自分まで泣けてきてしまった(削除)	2.69	.86	.47	.38	-.04	-.01	.37
38 相手の辛そうな様子を見て,気の毒になった	3.14	.59	.04	.45	.32	.13	.32
40 寂しそうな相手を見て,かわいそうに思った	3.04	.67	.07	.41	.31	.13	.28
34 辛そうにしている相手の話を聞いていて,自分も辛い気持ちになった	2.86	.68	.17	.65	.16	-.03	.47
〈相手を尊重した共感〉							
22 自分も相手と同じように腹を立てていたが,まず,相手はどう思っているのかを考えた	2.69	.68	.23	-.10	.43	.18	.28
23 自分の見かたはとりあえず置いておいて,相手の気持ちを理解しようとした	2.88	.67	.24	-.18	.55	.22	.44
5 相手のかわりはできないが,せめて辛い気持ちを共有したいと思った	2.75	.74	.35	.05	.55	-.05	.42
27 がっかりしている相手にとって,それがどんなに大きな期待だったのか考えた	2.83	.66	.06	.18	.47	.06	.26
1 本当に同じ苦しみを体験することはできないが,相手と悩みを分かち合うことはできると思った	2.84	.66	.29	.10	.50	-.07	.35
13 育った環境も違う相手なのだから,相手の気持ちを少しでも知ることができてよかったと思った	3.03	.61	.21	-.01	.53	.17	.36
〈相手との相違を意識した共感〉							
8 相手の感じ方がしっくりこなくて,人によって感じ方は異なるのだなと実感した	3.28	.63	-.09	.17	.08	.72	.56
9 相手が悲しんでいても,そんなに悲しむことなのかなあと思った	2.41	.73	-.15	.17	-.32	.48	.38
10 自分には自分の感じ方があるように,相手には相手の感じ方があるのだなと実感した	3.50	.56	-.01	-.04	.32	.59	.46
14 相手が腹を立てているのを見て,そんなに怒らなくても済むことじゃないかなあと思った	3.23	.65	.04	.05	.00	.57	.33
17 うれしそうな様子をしている相手を見て,何かうれしいことがあったのだと思った(削除)	3.46	.57	.35	.10	.28	.20	.25
19 相手の話を聞いていて,なるほどそういう感じ方もあるんだなあと納得した	3.39	.56	.11	.02	.26	.55	.39
11 どんなに親しい相手でも,相手の思いをすっかりわかることはできないと思った	3.36	.68	-.12	.19	-.12	.59	.41
因子間相関 第1因子				.03	.04	.23	
第2因子					.48	.07	
第3因子						.03	

注)項目番号は,研究3に合わせた。

②「教師の対人関係尺度」の構成

教師―生徒関係および同僚関係を問う項目群15項目における研究参加者623名の得点を用いて，因子数を2と定めた因子分析（主成分解）を行い，プロマックス回転を施した（Table 3.12）。第1因子に負荷の高かった項目は，教師―生徒関係を表すと考えられていた8項目であり，第1因子を「教師―生徒関係」と命名した。第2因子で負荷の高かった項目は，職場での教師の同僚関係を表すと考えられていた7項目であり，第2因子を「職場の同僚関係」と命名した。それぞれの因子に負荷の高い8項目と7項目で，それぞれ尺度構成を行い，尺度のα係数を算出したところ，「教師―生徒関係」では，α = .85，「職場の同僚関係」では，α = .75となり，ある程度高い信頼性を示した。

Table 3.12 教師の対人関係を問う項目群のプロマックス回転後の負荷量，平均値および標準偏差（N=623）

	M	SD	1	2	共通性
〈教師―生徒関係〉					
15 自分の考えが生徒(児童)に支持された	2.85	.57	.77	-.08	.58
11 生徒(児童)から頼りにされた	2.90	.56	.77	-.05	.58
17 生徒(児童)から慕われた	2.84	.58	.76	.02	.58
1 生徒(児童)と気持ちが通じ合った	2.93	.60	.72	-.04	.50
3 クラスがまとまり生徒(児童)と打ち解けた会話ができた	2.84	.71	.68	-.09	.44
9 自分の仕事が生徒(児童)の成長に役立った	2.85	.55	.68	.02	.46
6 問題等を抱えている生徒(児童)への援助が成功した	2.63	.69	.66	-.08	.42
20 生徒(児童)の明るい笑顔や喜ぶ顔が見られた	3.33	.59	.55	.13	.36
〈職場の同僚関係〉					
16 職場の雰囲気が和やかであった	3.07	.74	.10	.71	.55
13 職場の同僚と仲良くやってきた	3.13	.62	.24	.63	.52
5 教師間の協力が得られなかった*	2.86	.78	-.06	.75	.54
18 職場の同僚の他の教員に対する態度に疑問を持った*	2.42	.80	-.24	.70	.46
12 職場の同僚の生徒(児童)に対する態度に疑問を持った*	2.34	.75	-.27	.65	.42
10 職場の同僚と親密な関係を育む機会があった	2.69	.79	.32	.43	.35
4 職場に心を許せる同僚がいた	3.06	.76	.36	.42	.39
因子間相関 1因子			1.00	.24	
2因子			.24	1.00	

注）*は，逆転項目

(2) **共感性と学校における教師―生徒関係および同僚関係との関連**

全参加者の項目得点を,それぞれ単純加算して,「共感体験尺度」および「教師の対人関係尺度」の下位尺度得点を算出し,下位尺度間の相関分析を行った(Table 3.13)。「教師―生徒関係」は,「共感体験尺度」の全ての下位尺度と正の相関が認められ,共感性の高い教師の方が,その年度に,生徒とより良い関係を実際に築いていたと評価していた。「職場の同僚関係」は,「共感体験尺度」の「ポジティブな情動に対する共感」と「相手を尊重した共感」と正の相関が認められた。全般的に,内的な共感体験量の多い教師ほど,職場の実際の対人関係も良好と捉えていることが示された。

Table 3.13 各下位尺度間の相関係数 (教師全体, N=623)

	ネガティブ情動	相手尊重	相違意識	教師生徒関係	同僚関係
ポジティブな情動に対する共感	.52**	.57**	.30**	.31**	.21**
ネガティブな情動に対する共感		.46**	.27**	.19**	.05
相手を尊重した共感			.30**	.36**	.10*
相手との相違を意識した共感				.10*	-.02
教師―生徒関係					.27**

注) $*p < .05$, $**p < .01$

(3) **教師の年代による差異**

学校教師を,年齢により,20代,30代,40代,50代以上の4群に分けた。経験年数が,30代で3年未満の5名,40代で5年の1名,50代以上で4年の1名を除外した後の人数は,20代は71名(男性27名,女性44名),30代は136名(男性63名,女性73名),40代は219名(男性115名,女性104名),50代以上は190名(男性109名,女性81名)であり,教師の経験年数は,それぞれ,1〜7年(平均2.79年,標準偏差1.81年),3〜19年(平均11.3年,標準偏差3.83年),12〜29年(平均21.6年,標準偏差3.57年),20〜38年(平均31.1年,標準偏差3.82年)であった。

年代を独立変数,「共感体験尺度」および「教師の対人関係尺度」の下位

尺度得点を従属変数とした1元配置の分散分析を行い，引き続き，等分散性を仮定しない Dunnet の T3 による多重比較を行った結果，いずれの年代間にも，平均値の差異は認められず，年代による自己評価の得点には差異がないことが示された。

次に，年代別に，各下位尺度の得点を用いて，相関分析を行った（Table 3.14～Table 3.17）。研究3で，個別性の認識に基づいた共感を表す「相手との相違を意識した共感」と他の尺度との相関関係に発達的な差異が示されることが指摘されているため，特に，「相手との相違を意識した共感」との相関関係に着目した。30歳未満の教師では，「共感体験尺度」の「相手との相違を意識した共感」と「共感体験尺度」の他の下位尺度との間で有意な相関が見出されなかった。他方，30歳以上の教師では，どの年代でも，同程度の相関が得られた。研究3は，青年である大学生では，「相手との相違を意識した共感」の得点の高さは他者の感情理解につながる共感性の高さとは解釈しがたく，尺度自体の持つ意味が成人である教師とは異なった可能性に言及し

Table 3.14　各下位尺度間の相関係数（30歳未満，N=71）

	ネガティブ情動	相手尊重	相違意識	教師生徒関係	同僚関係
ポジティブな情動に対する共感	.47**	.60**	.01	.17	.06
ネガティブな情動に対する共感		.48**	.10	.01	.02
相手を尊重した共感			.19	.16	.01
相手との相違を意識した共感				.01	-.03
教師―生徒関係					.44**

注）**$p<.01$

Table 3.15　各下位尺度間の相関係数（30歳以上39歳以下，N=136）

	ネガティブ情動	相手尊重	相違意識	教師生徒関係	同僚関係
ポジティブな情動に対する共感	.55**	.51**	.29**	.12	.18*
ネガティブな情動に対する共感		.32**	.22**	.10	-.07
相手を尊重した共感			.27**	.30**	.11
相手との相違を意識した共感				.03	.00
教師―生徒関係					.22**

注）*$p<.05$, **$p<.01$

Table 3.16　各下位尺度間の相関係数（40歳以上49歳以下，N=219）

	ネガティブ情動	相手尊重	相違意識	教師生徒関係	同僚関係
ポジティブな情動に対する共感	.51**	.57**	.33**	.44**	.27**
ネガティブな情動に対する共感		.47**	.30**	.23**	.10
相手を尊重した共感			.35**	.25**	.10
相手との相違を意識した共感				.06	-.12
教師―生徒関係					.29**

注）**p＜.01

Table 3.17　各下位尺度間の相関係数（50歳以上，N=190）

	ネガティブ情動	相手尊重	相違意識	教師生徒関係	同僚関係
ポジティブな情動に対する共感	.53**	.62**	.37**	.48**	.25**
ネガティブな情動に対する共感		.53**	.31**	.32**	.10
相手を尊重した共感			.32**	.46**	.17*
相手との相違を意識した共感				.24**	.17*
教師―生徒関係					.32**

注）*p＜.05，**p＜.01

ている。教員養成系大学生同様，30歳未満の青年教師でも，「相手の思いをすっかりわかることはできないと思った」などの第4尺度項目を，他の共感尺度における項目のように，他者理解につながる意味合いでは捉えていないことが窺えた。「相手との相違を意識した共感」得点と職場の対人関係尺度の得点に有意な相関が見出されたのは，50代以上の教師においてのみであった。年代が上の教師では，相手との相違を意識しつつ，良好な対人関係を持っていることが示唆された。全体として，研究3と同様に，第4尺度と他の尺度との相関関係に，発達的な差異が示されたと考えられる。

　多次元の共感性のどの次元が，教師の生徒―教師関係および同僚関係に影響を及ぼしているかを検討するため，共感体験尺度の下位尺度得点を説明変数，対人関係尺度のそれぞれの下位尺度得点を目的変数とする強制投入法による重回帰分析を年代別に行った（Table 3.18）。「教師―生徒関係」を目的変数とした場合，20代では，どの下位尺度得点の標準偏回帰係数も有意ではなかったが，30歳以上の教師では，どの年代でも，「相手を尊重した共感」が

Table 3.18 共感体験尺度を説明変数，教師―生徒関係および同僚関係を目的変数とする重回帰分析結果

	教師―生徒関係				職場の同僚関係			
	20代	30代	40代	50代以上	20代	30代	40代	50代以上
	B(標準偏回帰係数)				B(標準偏回帰係数)			
ポジティブな情動に対する共感	.15	.07	.01	.22**	.09	.20***	.37***	.11*
ネガティブな情動に対する共感	-.13	-.03	-.01	.02	-.01	-.20	-.01	.08
相手を尊重した共感	.14	.29***	.48***	.34***	-.04	.08	-.03	.12*
相手との相違を意識した共感	.00	-.06	-.08	.04	.00	-.03	-.12	.10
R^2	.05	.10	.21	.28	.01	.05	.12	.07
R^{*2}	-.01	.07	.20	.26	-.06	.02	.11	.04

注) $*p < .05$, $**p < .01$, $***p < .001$, R^2は重決定係数，R^{*2}は自由度調整済み重決定係数

有意となった。このことは，世代・立場の異なる生徒との良好な関係とは，情動的な共感ではなく，相手を尊重した認知的な意味合いの強い共感が主に関係していることを示唆している。また，全体として，年代が上昇するにつれて，生徒との良好な関係に対する共感性の説明率が上昇する傾向にあり，教師と児童・生徒との年齢の格差が大きいほど，生徒に共感することの重要性が高まると考えられる。「職場の同僚関係」を目的変数とした場合，20代では，どの下位尺度得点の標準偏回帰係数も有意ではなかったが，30代以上では，どの年代でも，「ポジティブな情動に対する共感」が有意となった。同僚という，同じ職業に従事し，世代間の差が，生徒に比して小さい教師同士の関係では，相手の視点に立って，ものを見るような複雑な共感ではなく，相手がうれしい時にうれしくなるなど，相手とポジティブな情動を共有できる能力が重要であることが窺える。

4 総合考察

本研究では，研究3で，教員養成系大学生のデータに基づいて作成した「共感体験尺度」を，学校教師の大規模なデータに基づいて，再構成を行った。教員養成系大学生より教師の方が，情動の種類に左右されにくい反応を

する傾向が認められたが，基本的な4因子構造は再現されたといえる。そして，全般的に，「共感体験尺度」で測定される内的な共感体験が多い教師ほど，職場の実際の対人関係も良好と捉えていることが示唆された。しかし，職場の対人関係の中でも，生徒との関係と，同僚との関係では，影響を及ぼす共感の次元が異なった。30歳未満の教師を除き，生徒との関係には，個別性の認識に基づいた認知的な意味合いの強い共感とされる「相手を尊重した共感」が強く影響し，同僚との関係には，情動的な共感とされる「ポジティブな情動に対する共感」が強く影響していた。本研究でも，登張（2000）の指摘する共感の多次元的な視点の有効性が確認されたといえよう。

　本研究では，教師を年代別に分けて，その差異を検討することも主要な目的の1つであった。年代別に検討した結果，20代の教師では，個別性の認識に基づいた共感を表す「相手を尊重した共感」と他の共感尺度との関連が見出されず，30代以降では，その関連が見出され，相関関係に差異が示された。年度の教師―生徒関係においては，教師の年齢が上がるにつれて，共感性が重要な説明要因となることが示された。教師が世代の異なる生徒と良好な関係を築くためには，情動的な共感のような生得的な意味合いの強い共感ではなく，自他の区別をつけ，相手の個別性を尊重した共感が重要になることが示唆された。

　研究3では，「共感体験尺度」の個別性の認識に基づいた共感を表す尺度の内的整合性が低いことが問題として指摘されていたが，今回の教師の大規模データに基づいた検討においても，個別性の認識に基づいた共感を表す第4尺度の内的整合性が低いことが確認された。回答者によって，これらの項目を捉える意味合いがばらつくということが，研究3における教員養成系大学生群と教師群，本研究における年代別教師群間の結果の差異を生じさせるのに有効に働いたとも考えられる。しかし，尺度得点の信頼性という観点からは，項目内容を再検討する余地が残されているといえる。

　本研究では，教師の共感性と対人関係との関連を自己報告型の質問紙調査

によって検討した。どちらも，教師本人の主観的な自己評定であるため，本当に共感能力が高いか，年度の対人関係が良好であったかを確認する客観的な指標を用いたさらなる検討が必要と考えられる。特に，今回は，河村（2001）の作成した項目を，教師の対人関係を測定する尺度を構成する項目として用いたが，教師の同僚関係，対生徒関係を測定する尺度得点の妥当性を検討する必要があると思われる。

　また，本研究では，質問紙調査により，教師の個別性の認識に基づいた共感と教師―生徒関係との間の関連を見出した。今後は，上地（1990）が，教師の共感性を高めるための研修を開発しているように，教師の自他の個別性を尊重した共感を高めるための具体的な方策を考え，実践に役立てていくことが肝要と思われる。

第4章 教師の共感性と応答様式に関する研究

第1節 日常会話の陳述に対する教師の自由記述型応答の数量化【研究5】[16]

1 問題と目的

　研究2（第2章第2節）では，自由記述による応答を，KJ法によって生成されたカテゴリーに分類し，項目ごとにカテゴリーに対する反応度数に基づく確率の検定を行った。しかし，心理学研究においてしばしば用いられる，「1全くあてはまらない」〜「4よくあてはまる」というような回答の数値を数項目〜10数項目に渡って加算して個人の総点を算出するリッカート型の尺度を用いた分析方法とは異なり，この方法では，各カテゴリーに割り当てられた数値は，順序のつかない便宜的な数値であり，また，設定されたカテゴリーの種類と数が項目間で一定でないため，項目ごとの分析しかできない。順序のつかないカテゴリー型のデータを，通常の尺度のように分析するためには，適当な操作によって各カテゴリーに数量を与える数量化（柳井，1994）が必要となる。

　カテゴリー型データを数量化する方法については，様々な方法が提案されてきた（たとえば，Benzécri, 1992; Bock, 1975; Guttman, 1941; Gifi, 1990; Hayashi, 1952）。しかし，個人が1つの項目に対して1つの反応をする場合に限れば，提案されてきたほとんどの方法は，多重対応分析（multiple correspondence analysis, Greenacre, 1984）と呼ばれるものと一致することが知られてい

---

16) 研究5は「鈴木郁子・和田真雄・村上　隆　2005　KJ法および多重対応分析を用いた自由記述型応答の数量化　名古屋大学大学院教育発達科学研究科紀要，52, 135-152.」の一部を加筆修正したものである。

る（たとえば，足立，2003）。多重対応分析では，個人が各項目において選択したカテゴリーに与えられた数値を総和して得られる総点のα係数が最大になるように，カテゴリーの数量が与えられる。そして，主成分分析等と同様に，2次元以上の数量を定義することができる。

本研究では，日常会話で生起しやすい陳述を複数項目用意し，教師の自由記述によって得られた応答をKJ法によって少数のカテゴリーに分類し，多重対応分析によってそれらのカテゴリーを数量化する手続きを詳述し，本分析方法の有効性を確認する。

2　方法

(1)　調査対象

公立小学校12校，中学校10校，高等学校9校の職場に依頼して，910名分の質問紙を郵送し，623名の学校教師の回答を得た。回収率は，68.5％であった。回答に著しく不備のあった3名を除外した620名（男性312名，女性308名，平均年齢43.3歳，標準偏差9.84歳）を分析の対象とした。

(2)　調査時期

2005年2月～3月であった。

(3)　手続き

①10個の陳述への応答を求める自由記述型質問紙調査の実施

研究参加者に対して，質問紙により「以下のそれぞれのせりふに返事をしようとするとき，あなたはどのような返事をしますか。心に浮かんだ返事を自由に書いてください。」と教示し，項目1「わあー，まっ赤だ，すごい！さすがに北海道の紅葉はすごいね。」，項目2「あしたからバーゲンなの。楽しみでワクワクする。」，項目3「あーあ，何かいいことないかなあー，生活変えたいなー。」，項目4「いつまで続くの，この雨。ジメジメしてまったくイヤになる。」，項目5「あっ，いいにおいだ！カレーの匂いをかぐと食欲が出てくるね。」，項目6「富士山に登って，初日の出を見てきた。しんどかっ

た！もう２度と行きたくない。」，項目７「あっ，曇ってる。雨が降るのかなー，困ったなー。」項目８「このごろ，ろくなもの食べてないなー。なにかおいしいもの食べたいなあ。」，項目９「学校なんか大嫌い！勉強なんか，絶対したくない！」，項目10「ひさしぶりに旅行に行きたいなー。どこかいいところ知らない？」に対する応答をそれぞれ書いてもらった。項目１～３の陳述は，民間会社でコミュニケーションスキル上達のための社員研修を行う機会の多いカウンセラー（男性，52歳）が考案し，すでに使用していたものである。項目４～10は，本研究で用いるために，筆者との話し合いのもと，上記のカウンセラーが新たに作成した。陳述の作成方針は，日常会話で自然に生起すると考えられる陳述であること，ネガティブな感情を含む陳述とポジティブな感情を含む陳述の両者を設定することであった。

②120名の応答のKJ法によるカテゴリーの生成と仮説化

　KJ法（川喜田，1967，1970，1996）により教師の応答を分類するために，小・中・高等学校に勤務する教師を，それぞれ男女各20名ずつランダムに抽出し，合計120名（平均年齢43.7歳，標準偏差9.35歳）の各項目の反応を１つずつ印字したものを１枚ずつのカードにした。抽出人数を120と定めたのは，机に広げたカードを全体的に見渡して並べ直すことのできる限界と考えたためである。なお，本研究では，各回答が，カード一枚ずつに収まる長さであったため，川喜田（1967）のように，ローデータを圧縮化する概念化は行わず，回答を変更せずに印字した。筆者と上記のカウンセラーが，各項目ごとに，カードに書かれた応答の表現が同一または類似していると考えられるカードをまとめていき，最終的に，各11個から９個のカテゴリーを作り，各カテゴリーに番号をつけ，命名を行った。そして，両者が話し合いながら，意味的に近いと考えられるカテゴリーから遠いと考えられるカテゴリーまでを並べ，カテゴリー間の関係を仮説化し，図解した。

　仮につけたコードを用いて多重対応分析を行った結果，全ての項目において，他のいずれかの項目との間に$r=.20$から$r=.51$までの正の相関が見出さ

れた。提示する陳述として，不適切な項目はないと判断され，引き続き，10項目全ての分析の対象とすることにした。

③190名の応答の複数評定者によるコーディングと項目の精選

前述のKJ法によって見出されたカテゴリーに従って，②の120名とは異なる学校教師190名（平均年齢43.4歳，標準偏差9.06歳）のデータにおける項目1～項目10の全ての反応を，筆者とカウンセラーが独立にコーディングした。なお，データの抽出は，先の120名と190名を合わせた310名（平均年齢43.5歳，標準偏差9.16歳）と，残りの310名（平均年齢43.3歳，標準偏差9.83歳）との各学校種の男女の人数が同数になるように，人数が定められ，群内ではランダムに抽出された。

190名の10項目の反応における筆者とカウンセラーの評定の一致率は，それぞれ，84.2%（項目1：カテゴリー数11），88.4%（項目2：カテゴリー数8），77.4%（項目3：カテゴリー数9），80.5%（項目4：カテゴリー数10），76.8%（項目5：カテゴリー数12），79.5%（項目6：カテゴリー数10），77.4%（項目7：カテゴリー数10），90.5%（項目8：カテゴリー数8），77.9%（項目9：カテゴリー数10），86.8%（項目10：カテゴリー数8）であった。2名の評定が不一致であった応答については，両者が話し合い，再度コーディングした。同時に，評定基準の見直しを行い，基準の統一を図った。

コーディングの終了した310名のデータを用いた多重対応分析を行った結果，項目5と他の項目との間に，相関がほとんど見出されなかった。また，仮に数量化を行った際に，項目5のカテゴリーに付与された数量の高低に解釈不能なものが見られた。そこで，項目5を除外し，残りの9項目を以後の分析に用いることにした。

④コーディング基準の決定

9項目の各カテゴリーのうち，310名のデータを集計しても，なお出現度数の低かった項目2と項目8のカテゴリーを1個ずつ除外した後，外部評定者用のコーディングマニュアルを筆者が作成した（Table4.1～Table4.9）。その

際，筆者の恣意的な操作を防ぐため，外部評定者に依頼予定のデータは参照せず，先の310名のデータのみを参考にして，コーディングの基準および具体例を決定した。

⑤残り310名の応答の外部評定者を加えた複数者および単独評定者によるコーディング

　残りの310名のデータの20％にあたる62名における9項目の応答を，筆者と質的データのコーディング経験を持つ心理学専攻の大学院生1名（女性，26歳）が，先に作成したコーディングの基準および具体例を参照しながら，独立にコーディングした。評定の一致率は，それぞれ，85.5％（項目1：カテゴリー数11），90.3％（項目2：カテゴリー数7），90.3％（項目2：カテゴリー数9），88.7％（項目4：カテゴリー数10），83.9％（項目6：カテゴリー数10），83.9％（項目7：カテゴリー数10），82.3％（項目8：カテゴリー数7），80.6％（項目9：カテゴリー数10），80.6％（項目10：カテゴリー数8）であり，項目による一致率のばらつきは小さく，どの項目の評定においても，比較的高い信頼性が示された。

　評定が一致しなかった回答を点検したところ，外部評定者において，項目1のカテゴリー1と10およびカテゴリー2と11の混同が認められた。これらは，別カテゴリーを設けなくても分類可能と考えられたため，カテゴリー1と10，カテゴリー2と11の合併を行い，以後の分析は，10カテゴリーで行うことにした。その他の分類基準は現行のものを用いて，残りの248名の応答のコーディングは，筆者が単独で行った。

Table 4.1 項目 1 「わあー，まっ赤だ，すごい！さすがに北海道の紅葉はすごいね。」への応答のコーディング基準と具体例

①シンプルな共感	すごい，きれいなどのシンプルな共感の言葉を用いている。 例)すごいね／きれいだね／そうだね，きれいだね
②本当に＋シンプルな共感	シンプルな共感を表す言葉の前に，「本当に」が付いている。 例)本当にすごいね／ほんとーきれいだね！／本当にすごいね。まっ赤だね。
③本当だね	「本当だね」のみを③にする。
④シンプルな同意	簡潔な言葉で同意している。 例)そうだね／いいね
⑤事柄重視(相手の世界に沿ってはいる)	「北海道」,「スケールの大きさ」,「赤」,「大自然」等，相手の述べた事柄を受けて反応している。やや理屈っぽい。例)そうですね，さすが北海道ですね／スケールがでかいね
⑥私の話	自分も行きたい，見てみたいと，相手の思いよりも自分の思いを優先させている。 例)私も見に行きたい／この目でみてみたーい
⑦自分の意見	5のように相手の述べた事柄ではなく，勝手に，自分の想像で意見を展開している。 例)気温の差が大きいからだよ
⑧否定	相手が北海道の紅葉がきれいだと述べているのに，他の場所もきれいだ，そんなにきれいではない等と否定している。 例)別に北海道だからってわけじゃないんじゃない／京都の紅葉もいいよ
⑨私たち	自分も相手と一緒にいる場面を想像して，見に来て良かったねなどと相手に述べている。 例)ほんと！北海道に来てよかったね

注) 上記は，カテゴリー10 (そうだね＋きれいだね，すごいね) をカテゴリー1に，カテゴリー11 (本当にすごいね＋その他の感動の言葉) をカテゴリー2に合併させた後の基準である。

Table 4.2 項目 2 「あしたからバーゲンなの。楽しみでワクワクする。」への応答のコーディング基準と具体例

①シンプルな共感	楽しみ，ワクワクなどの相手の気持ち(または，それに準じる感情)に素直に反応している。 例)ワクワクするね／へえ，いいなあ
②相手の幸福感の受容	相手の期待通りになることを願ったり，相手のバーゲンに行きたい気持ちをそのまま受容している。 例)うん，いい品物があるといいね／バーゲンが好きなんだね
③質問	何，どこ，いつかなどの情報を得るために，質問している。 例)何を買うの？／どこのバーゲン？
④私の話(肯定)	自分が行きたい，欲しいなど，自分の感情を優先させている。 例)ホント？私も行きたいなあ／ホント！？私もバーゲン大好き！！
⑤私の話(否定)	自分の感情を優先させ，相手のバーゲンに行きたい気持ちを否定している。 例)ふうん，私バーゲンって疲れるから嫌いなの
⑥否定(説教臭い)	相手のバーゲンに行きたい気持ちを否定し，説教臭い発言をしている。 例)あまりムダ使いせんように
⑦そっけない返事	陳述に対する関心の低さを示すそっけなくて短い応答をしている。 例)あっそう／ふーん

第 4 章 教師の共感性と応答様式に関する研究　85

Table 4.3 項目 3「あーあ，何かいいことないかなあ，生活変えたいなあー。」への応答のコーディング基準と具体例

①(相手の気持ちの)受容	生活を変えたいと思ってしまうこともあるということを受容している。例)変えたいよね／そんな日もあるよね／いいことあるといいねえ	
②シンプルな同意	相手の言葉にシンプルな言葉で同意している。例)確かに／本当にそうだね	
③私の話(肯定)	自分も相手と同じように思っていると同意している。2よりも自分を強調している。 例)ぼくもそう思う／そうだよね，私も変えたいなあー	
④質問(親身)	相手のうまくいっていない様子を察し，相手の身を案じつつ，質問している。 例)何かあったの？／つらいことがあるのかな	
⑤提案(肯定)	相手の状態が改善されるように，具体案を述べている。相手の気持ちを否定するニュアンスは薄い。 例)何かしゅみをつくるといいよ／何か新しいことにチャレンジしたら	
⑥質問(ぶっきらぼう)	4のように相手の身を案じての質問ではない。例)なんで？／どうして？	
⑦提案(否定,説教臭い)	生活ではなく自分が変わらなくてはいけない等，相手の気持ちや態度を否定しつつ改善策を述べている。 例)それは自分次第だよ。変えようと思ったら今すぐ変えられるよ	
⑧否定(現状肯定)	相手の今の生活を変えたいという気持ちやうまくいっていない様子を否定している。相手の現状を肯定して,不満を退けている発言も含む。例)今が一番／何言っとるの	
⑨そっけない返事	陳述に対する関心の低さを示すそっけなくて短い応答をしている。 例)そうですかあー／変えれば…	

Table 4.4 項目 4「いつまで続くの，この雨。ジメジメして，まったくイヤになる。」への応答のコーディング基準と具体例

①シンプルな共感	長雨・湿気を嫌悪する気持ちをシンプルに受けている。 例)雨はイヤだよね／ジメジメしていやだよね	
②憂鬱な気分への同意(意見)	長雨や湿気に対する憂鬱な気分に同意(意見)している。 例)雨(湿気)が多いのは，気分が滅入るね(心が滅入るね,うっとおしいね)	
③シンプルな同意	相手の言葉にシンプルな言葉で同意している。 例)ほんとうだね／そうだね／まったくだ／うっとおしい／本当その通り	
④ポジティブな状態への変化の希望	長雨や湿気を嫌悪する気持ちには言及していない場合は④，言及している場合は①に分類する。 例)早く晴れて欲しいね／早く梅雨が明けてほしい	
⑤ポジティブな予言	未来が良い方向へ変わると，根拠なく述べている。 例)そのうち晴れるよ(止むよ,つゆも明けるよ)	
⑥提案	時間の過ごし方を具体的に提案している。 例)てるてるぼうずを作って，晴れを待とう／こういう時は読書するに限るよ	
⑦説諭(雨も大切)	雨の良さ，大切さがあることを強調している。 例)雨も適当に降らないと困るよ／雨も大切だよ	
⑧私の話(肯定)	自分も嫌い，嫌だと，自分の感情を述べている。または，洗濯物・布団など相手の述べていない事柄を持ち出している。 例)私も湿気は嫌い／洗濯物も乾かないしね／早くお布団干したいね	
⑨説諭(否定)	相手が不満を述べることをたしなめている。 例)あと少しだ，しんぼうしんぼう／梅雨だから仕方ないね／まあ，そう言わないで	
⑩私の話(否定)	相手の嫌悪する気持ちを支持しないで，自分の好みや意見を述べている。 例)私,雨も好きだよ／雨好きだから気にならないけど	

Table 4.5 項目6「富士山に登って，初日の出を見てきた。しんどかった！もう2度と行きたくない。」への応答のコーディング基準と具体例

①大変さを汲む	大変だった気持ちを汲んでいる。 例)大変だったね／そんなにしんどかったんだ	
②大変さを汲む＋ポジティブな面へ	大変だった気持ちを汲みつつ，ポジティブな面に目を向けさせようとしている。 例)しんどかったんだね。ところで日の出はどうだった？	
③いきなりポジティブ	大変だった気持ちには触れず，初日の出の美しさ，眺めのよさなど富士登山で得られるポジティブな面に言及している。 例)でも，きれいだったでしょ？	
④称賛	すごい，よくがんばったねと，比較的単純に称賛している。 例)すごい，富士山に登ったの？スゴイねー	
⑤説諭（良い経験という評価）	良い経験をしたなどと評価している。「すごい」があっても，「良い経験をしたね」がある場合は，⑤に分類する。 例)すごい。いい経験したね	
⑥私の話	自分も行きたい，行ったことがあるなど，自分の話を中心にしている。例)自分も登ってみたいな。	
⑦根拠のない予言	行きたくない気分等が，未来に良いものに変わることを勝手に予言している。 例)そう思ってもまた行きたくなるんだよ。	
⑧否定・皮肉	相手の思い，経験そのものを否定したり，皮肉を言ったりしている。 例)そんなことはないでしょう／行かなきゃいいじゃん／年だね	
⑨そっけない返事	陳述に対する関心の低さを示すそっけなくて短い応答をしている。例)そう？／ふ〜ん	
⑩質問	状況の説明を求めるような質問をしている。「初日の出はきれいだったんじゃないの？」なら，③に分類する。 例)えー！どんなふうだった？教えて／初日の出はどうだったの？	

Table 4.6 項目7「あっ，曇ってる。雨が降るのかなー，困ったなー。」への応答のコーディング基準と具体例

①シンプルな共感	相手の困惑している気持ちを汲んでいる。 例)困ったねー 降らないといいね／雨が降るのはいやだね	
②質問（傘）	傘に関する質問をしている。 例)傘持ってないの？／傘を持っている？	
③質問（その他）	傘以外の質問をしている。 例)どうしたの？／何かあるの？	
④援助の申し出	傘を貸す，車で送ってあげるなどの援助を申し出ている。 例)傘貸そうか？／傘貸してあげる／車で送ってあげるよ	
⑤対応策の提案	これからの対応策を提案している。 例)傘を持っていったら／早く家に帰ろ／洗濯物はとりこんでおこう	
⑥根拠のない励まし	根拠なく相手を励ましている。天気予報など，話に出ていないものを持ち出している応答も含む。 例)だいじょうぶだよ／予報では○○と言っていたよ	
⑦私の話	自分の心配をしている 例)本当だ。洗濯物干してきちゃった／どうしよう／傘を持っていない	
⑧否定，無視	相手の困惑する気持ちを否定したり，無視している。 例)時には雨も必要だよ／それも人生さ	
⑨そっけない返事	陳述に対する関心の低さを示すそっけなくて短い応答をしている。独白も含む。 例)困った／雨やだ	
⑩空模様を見ている	空を見上げて空模様を見ながら発言している。例)降りそうだね／降るかもしれないね／どうだろうね	

Table 4.7 項目8「このごろ，ろくなもの食べてないなー。なにかおいしいものが食べたいなあ。」への応答のコーディング基準と具体例

①シンプルな共感	おいしいものを食べたい気持ちをシンプルに受けて応答している。 例）おいしいもの食べたいね／食べたいね
②質問（食べたいもの＋その他）	質問をしている。 例）何が食べたいの？／何が好きなの？／何食べてる？／お金ない？
③食べに行く提案	どこかに食べに行く提案をしている。 例）食べに行こうか／どこかおいしい店にでも行こうか／たまには気晴らしに外食でもしてみたら？
④個人的な提案	③とは異なり，勝手に，自分の好みで具体的な提案をしている。 例）焼き肉食べに行こう！／ラーメンでも食べようか
⑤説諭的提案	相手の生活，行動の仕方に言及している。説諭的なニュアンスがある。例）食生活はちゃんとしないとね／栄養とらないと／運動をするとおいしいよ
⑥私の話	自分の希望を述べている。 例）私も食べたいな／おすしがいいな
⑦そっけない返事	陳述に対する関心の低さを示すそっけなくて短い応答をしている。 例）そうだね／同感／本当だね

Table 4.8 項目9「学校なんか大嫌い！勉強なんか絶対したくない！」への応答のコーディング基準と具体例

①受容	相手の嫌いな気持ち，したくない気持ちを受けて応答している。 例）したくないよね／そうか，勉強が嫌いなんだね／本当にそうだと思う
②みんな一緒	みんなそうだ，誰でもそう思うと，他の人と一括りにしている。 例）みんな（誰でも）そうだよ／必ず一度はそう思うよ
③ポジティブな面	学校や勉強のポジティブな面に目を向けさせようとしている。 例）学校は勉強だけじゃないよ。友だちもいるじゃないの／そう？でも勉強も面白いことあるじゃん
④質問（親身）	相手が困難な状況にいるという前提で，相手の身を案じた質問をしている。 例）どうしたの？／何かあったの？／勉強楽しくないの？／学校嫌いなの？
⑤提案	状況改善のための対処策を提案している。 例）自分が必要だと感じるまでやめてみたら／しばらく遊ぼう／楽しいことを1つ作ろうよ
⑥説諭（勉強の意義等）	勉強の意義や学校の目的を説くなど，説諭的な応答をしている。 例）ふーん。でも，勉強って必要なことなんだよ／学校は勉強する所だから
⑦私の話	自分を引き合いに出している。 例）私も嫌いだなあ〜／そんな気持ちになること先生もよくあったよ
⑧否定	相手の嫌いな気持ち，したくない気持ちを汲まずに，むやみに励ましたり，たしなめたり，突き放すような応答をしている。 例）そんなこと言わずにがんばろうよ／まあ そう言わないで／じゃあ，やめとけば？
⑨そっけない返事	陳述に対する関心の低さを示すそっけなくて短い応答をしている。 例）ふうん，そうなんだ／同感／たしかに！
⑩質問（そっけない）	④のような親身なニュアンスは含まない質問をしている。 例）どうして？／何故？／本当？

Table 4.9 項目10「ひさしぶりに旅行に行きたいなー，どこかいいところ知らない？」への応答のコーディング基準と具体例

①受容		旅行に行きたい気持ち，楽しみな気持ちを受けて応答している。 例)旅行いいねぇー／行きたいねー
②質問		相手の行きたいところを尋ねている。具体的に選択肢を設けて質問しているものも含む。 例)どんなところへ行きたい？／海，山，温泉？／国内？国外？
③提案(相手の意向を問う)		相手の意向を問いつつ，勧めている。 例)温泉はどう？
④提案(自分の意見)		相手の意向を問わずに，自分のお勧めの場所を提案している。 例)温泉がいいよ／温泉！
⑤知っている		具体的な提案はしないが，教えてあげようとしたり，調べてあげようとしたりと，協力の姿勢は示している。 例)いろいろおすすめはあるよ／ネットでけんさくしようか？／知っているよ
⑥私の話		自分が行きたいなど自分に焦点が当たっている。 例)いいなー！私も行きたいな／南の島に行きたいな
⑦そっけない返事		陳述に対する関心の低さを示すそっけなくて短い応答をしている。 例)うーん／へえ／そうだねえ…
⑧知らない		単に知らない，わからないと答え，相手に協力する気がない。 例)知らないなあ／私もあまり行ったことがないから／わかんない

3　結果と考察

(1) 自由記述型応答のカテゴリー分類の信頼性

　本研究では，カウンセラーの応答様式等に関する既存の分類基準を用いず，収集したデータをもとにして，新しい分類基準を項目ごとに設定した。2名の評定者の評定の一致率は，1回目（筆者とカウンセラーの評定）が，77.4％～88.4％であり，2回目（筆者と大学院生の評定）が，80.6％～90.3％であった。本研究で新たに作成された日常会話の陳述に対する応答カテゴリーの分類基準は，比較的高い信頼性を有していることが示された。

(2) 多重対応分析により見出された次元の解釈

　全参加者の全9項目のコードを用いた多重対応分析を行った。計算には，SPSS Categories 13.0Jを用いた。なお，SPSS日本語版では，多重対応分析を，等質性分析，多重応答分析，または多重コレスポンデンス分析と称している。

第1次元から第5次元までのCronbachのα係数は，それぞれ，.763，.694，.573，.524，.434，固有値は，3.11，2.61，2.03，1.87，1.63であった。項目ごとの各カテゴリーに割り当てられた数量化得点をもとに，次元ごとに，数量化得点の昇順にカテゴリーの並べ替えを行った結果，3次元までが，解釈可能と判断された。第1次元から第3次元まで，各項目で付与された数値の順にカテゴリーを並べ替えた結果を，Table 4.10～Table 4.36に示した。

第1次元では，「そっけない返事」と命名されたカテゴリーに，正の目立つ値が与えられたが，対極には，絶対値の小さい負の値が，様々なカテゴリーに割り当てられた。項目によっては，「そっけない返事」に加えて，「シンプルな共感」や「否定」と命名されたカテゴリーに正の比較的目立つ値が付与された。「シンプルな共感」では，話し手の感情をそのまま反映した短い回答が多く，「否定」では，話し手を突き放すような短い回答が多かった。以上より，第1次元を「そっけなさ」次元と命名した。

第2次元では，話し手の感情を素直に受け止めているカテゴリーや親身な印象を与える内容のカテゴリーに，比較的高い正の値が付与され，話し手の抱いている感情を否定する内容のカテゴリーや相手の態度をたしなめる説諭的な内容を示すカテゴリーに絶対値の大きい負の値が付与された。以上より，第2次元を「否定－受容」次元と命名した。

第3次元では，「私の話」と命名されたカテゴリーに，正の比較的高い値が与えられ，他方の極には，「否定」，「疑問」，「提案」など，自分の話からは離れた，比較的客観的な印象を与えるカテゴリーに負の値が与えられたため，第3次元を，「自分中心」次元と命名した。Cronbachのα係数が，十分に大きい値を示さなかったのは，「私の話」の対極に，様々なカテゴリーが配置され，軸が明確でないためと考えられる。

Table 4.10 項目1「わあー,まっ赤だ,すごい!さすがに北海道の紅葉はすごいね。」の第1次元の数量化得点による並べ替え

番号	ラベル	応答の具体例	度数	1次元	2次元	3次元
9	私たち	ほんと!北海道に来てよかったね	69	-.58	.31	.46
2	本当に+共感	ホントだね。きれいだね	162	-.43	-.57	.22
7	自分の意見	気温の差が大きいからだよ	67	-.38	.64	-.16
5	事柄−相手の世界	そうですね。さすが北海道ですね/スケールがでかいね	52	-.33	.05	-.63
6	私の話	私も見に行きたいな	42	-.16	.68	.74
1	シンプルな共感	すごいね/きれいだね	73	.22	-.55	-.33
3	本当だね	ほんとだね	59	.63	.04	-.41
8	否定	十和田湖の紅葉もすごいけどね	36	.72	.79	-.51
4	シンプルな同意	そうだね/いいね	56	1.43	.16	.22

Table 4.11 項目1「わあー,まっ赤だ,すごい!さすがに北海道の紅葉はすごいね。」の第2次元の数量化得点による並べ替え

番号	ラベル	応答の具体例	度数	1次元	2次元	3次元
2	本当に+共感	本当にすごいね。きれいだね	162	-.43	-.57	.22
1	シンプルな共感	すごいね/きれいだね	73	.22	-.55	-.33
3	本当だね	ほんとだね	59	.63	.04	-.41
5	事柄−相手の世界	そうですね。さすが北海道ですね/スケールがでかいね	52	-.33	.05	-.63
4	シンプルな同意	そうだね/いいね	56	1.43	.16	.22
9	私たち	ほんと!北海道に来てよかったね	69	-.58	.31	.46
7	自分の意見	気温の差が大きいからだよ	67	-.38	.64	-.16
6	私の話	私も見に行きたいな	42	-.16	.68	.74
8	否定	十和田湖の紅葉もすごいけどね	36	.72	.79	-.51

Table 4.12 項目1「わあー,まっ赤だ,すごい!さすがに北海道の紅葉はすごいね。」の第3次元の数量化得点による並べ替え

番号	ラベル	応答の具体例	度数	1次元	2次元	3次元
5	事柄−相手の世界	そうですね。さすが北海道ですね/スケールがでかいね	52	-.33	.05	-.63
8	否定	十和田湖の紅葉もすごいけどね	36	.72	.79	-.51
3	本当だね	ほんとだね	59	.63	.04	-.41
1	シンプルな共感	すごいね/きれいだね	73	.22	-.55	-.33
7	自分の意見	気温の差が大きいからだよ	67	-.38	.64	-.16
4	シンプルな同意	そうだね/いいね	56	1.43	.16	.22
2	本当に+共感	本当にすごいね。きれいだね。	162	-.43	-.57	.22
9	私たち	ほんと!北海道に来てよかったね	69	-.58	.31	.46
6	私の話	私も見に行きたいな	42	-.16	.68	.74

Table 4.13 項目 2「あしたからバーゲンなの。楽しみでワクワクする。」の第 1 次元の数量化得点による並べ替え

番号	ラベル	応答の具体例	度数	1次元	2次元	3次元
2	相手の幸福感の受容	うん、いい品物があるといいね	98	-.43	-.06	.23
4	私の話(肯定)	ホント？私も行きたいなあ	156	-.37	.15	.57
3	質問	何を買うの？	137	-.18	-.11	-.06
5	私の話(否定)	ふうん。私バーゲンって疲れるからきらいなの	36	-.12	.92	.10
6	否定(説教臭い)	あまりムダ使いせんように	41	-.09	.97	-1.11
1	シンプルな共感	楽しみだね	73	-.03	-1.07	-.64
7	そっけない返事	あっそう	76	1.74	.04	-.18

Table 4.14 項目 2「あしたからバーゲンなの。楽しみでワクワクする。」の第 2 次元の数量化得点による並べ替え

番号	ラベル	応答の具体例	度数	1次元	2次元	3次元
1	シンプルな共感	楽しみだね	73	-.03	-1.07	-.64
3	質問	何を買うの？	137	-.18	-.11	-.06
2	相手の幸福感の受容	うん，いい品物があるといいね	98	-.43	-.06	.23
7	そっけない返事	あっそう	76	1.74	.04	-.18
4	私の話(肯定)	ホント？私も行きたいなあ	156	-.37	.15	.57
5	私の話(否定)	ふうん。私バーゲンって疲れるからきらいなの	36	-.12	.92	.10
6	否定(説教臭い)	あまりムダ使いせんように	41	-.09	.97	-1.11

Table 4.15 項目 2「あしたからバーゲンなの。楽しみでワクワクする。」の第 3 次元の数量化得点による並べ替え

番号	ラベル	応答の具体例	度数	1次元	2次元	3次元
6	否定(説教臭い)	あまりムダ使いせんように	41	-.09	.97	-1.11
1	シンプルな共感	楽しみだね	73	-.03	-1.07	-.64
7	そっけない返事	あっそう／ふーん	76	1.74	.04	-.18
3	質問	何を買うの？	137	-.18	-.11	-.06
5	自分の話(否定)	ふうん。私バーゲンって疲れるからきらいなの	36	-.12	.92	.10
2	相手の幸福感の受容	うん，いい品物があるといいね	98	-.43	-.06	.23
4	自分の話(肯定)	ホント？私も行きたいなあ	156	-.37	.15	.57

Table 4.16 項目3「あーあ，何かいいことないかなあー，生活変えたいなあー。」の
第1次元の数量化得点による並べ替え

番号	ラベル	応答の具体例	度数	1次元	2次元	3次元
5	提案(肯定)	何か新しいことにチャレンジしたら？	156	-.44	.44	-.13
1	受容	そんな日もあるよね	74	-.41	-.82	.58
4	質問(親身)	何かあったの？	67	-.33	-.87	-.12
3	私の話	先生もいつも思っているよ！	51	-.14	.29	1.12
8	否定(現状肯定)	今が一番	58	.00	.55	-.36
7	提案(否定,説教臭い)	それは自分次第だよ。変えようと思ったら今すぐ変えられるよ	72	.08	.66	-.77
6	質問(ぶっきらぼう)	なんで？	60	.49	-.82	-.26
2	シンプルな同意	そうだね／確かに	47	1.13	-.05	.30
9	そっけない返事	変えれば…	31	1.29	.28	.19

Table 4.17 項目3「あーあ，何かいいことないかなあー，生活変えたいなあー。」の
第2次元の数量化得点による並べ替え

番号	ラベル	応答の具体例	度数	1次元	2次元	3次元
4	質問(親身)	何かあったの？	67	-.33	-.87	-.12
1	受容	そんな日もあるよね	74	-.41	-.82	.58
6	質問(ぶっきらぼう)	なんで？	60	.49	-.82	-.26
2	シンプルな同意	そうだね／確かに	47	1.13	-.05	.30
9	そっけない返事	変えれば…	31	1.29	.28	.19
3	私の話	先生もいつも思っているよ！	51	-.14	.29	1.12
5	提案(肯定)	何か新しいことにチャレンジしたら？	156	-.44	.44	-.13
8	否定(現状肯定)	今が一番／何言っとるの	58	.00	.55	-.36
7	提案(否定,説教臭い)	それは自分次第だよ。変えようと思ったら今すぐ変えられるよ	72	.08	.66	-.77

Table 4.18 項目3「あーあ，何かいいことないかなあー，生活変えたいなあー。」の
第3次元の数量化得点による並べ替え

番号	ラベル	応答の具体例	度数	1次元	2次元	3次元
7	提案(否定,説教臭い)	それは自分次第だよ。変えようと思ったら今すぐ変えられるよ	72	.08	.66	-.77
8	否定(現状肯定)	今が一番	58	.00	.55	-.36
6	質問(ぶっきらぼう)	なんで？	60	.49	-.82	-.26
5	提案(肯定)	何か新しいことにチャレンジしたら？	156	-.44	.44	-.13
4	質問(親身)	何かあったの？	67	-.33	-.87	-.12
9	そっけない返事	変えれば…	31	1.29	.28	.19
2	シンプルな同意	そうだね／確かに	47	1.13	-.05	.30
1	受容	そんな日もあるよね	74	-.41	-.82	.58
3	私の話	先生もいつも思っているよ！	51	-.14	.29	1.12

第4章 教師の共感性と応答様式に関する研究　93

Table 4.19 項目 4 「いつまで続くの，この雨。ジメジメして，まったくイヤになる。」の第 1 次元の数量化得点による並べ替え

番号	ラベル	応答の具体例	度数	1次元	2次元	3次元
2	憂鬱な気分への同意	気分までジメジメしてくるね	39	-.53	-.53	.45
6	提案	てるてるぼうずを作って晴れを待とう	22	-.44	.76	.42
8	私の話	私も湿気は嫌い	59	-.42	.15	.69
4	良変化の希望	早く晴れて欲しいね	89	-.37	-.26	.30
7	説諭(雨も大切)	雨も大切だよ	115	-.24	.34	-.09
5	根拠のない予言	そのうち晴れるよ	40	-.22	.29	-.86
1	シンプルな共感	本当。いやだね	81	-.18	-.88	-.01
10	私の話(否定)	私,雨も好きだよ	28	.04	.63	-.01
9	説諭(否定)	あと少しだしんぼうしんぼう	45	.33	.89	-1.13
3	シンプルな同意	ほんとだね／そうですね	100	1.22	-.20	.02

Table 4.20 項目 4 「いつまで続くの，この雨。ジメジメして，まったくイヤになる。」の第 2 次元の数量化得点による並べ替え

番号	ラベル	応答の具体例	度数	1次元	2次元	3次元
1	シンプルな共感	本当。いやだね	81	-.18	-.88	-.01
2	憂鬱な気分への同意	気分までジメジメしてくるね	39	-.53	-.53	.45
4	良変化の希望	早く晴れて欲しいね	89	-.37	-.26	.30
3	シンプルな同意	ほんとだね／そうですね	100	1.22	-.20	.02
8	私の話	私も湿気は嫌い	59	-.42	.15	.69
5	根拠のない予言	そのうち晴れるよ	40	-.22	.29	-.86
7	説諭(雨も大切)	雨も大切だよ	115	-.24	.34	-.09
10	私の話(否定)	私,雨も好きだよ	28	.04	.63	-.01
6	提案	てるてるぼうずを作って晴れを待とう	22	-.44	.76	.42
9	説諭(否定)	あと少しだしんぼうしんぼう	45	.33	.89	-1.13

Table 4.21 項目 4 「いつまで続くの，この雨。ジメジメして，まったくイヤになる。」の第 3 次元の数量化得点による並べ替え

番号	ラベル	応答の具体例	度数	1次元	2次元	3次元
9	説諭(否定)	あと少しだしんぼうしんぼう	45	.33	.89	-1.13
5	根拠のない予言	そのうち晴れるよ	40	-.22	.29	-.86
7	説諭(雨も大切)	雨も大切だよ	115	-.24	.34	-.09
10	私の話(否定)	私,雨も好きだよ	28	.04	.63	-.01
1	シンプルな共感	本当。いやだね	81	-.18	-.88	-.01
3	シンプルな同意	ほんとだね／そうですね	100	1.22	-.20	.02
4	良変化の希望	早く晴れて欲しいね	89	-.37	-.26	.30
6	提案	てるてるぼうずを作って晴れを待とう	22	-.44	.76	.42
2	憂鬱な気分への同意	気分までジメジメしてくるね	39	-.53	-.53	.45
8	私の話	私も湿気は嫌い	59	-.42	.15	.69

Table 4.22 項目6「富士山に登って,初日の出を見てきた。しんどかった！もう2度と行きたくない。」の第1次元の数量化得点による並べ替え

番号	ラベル	応答の具体例	度数	1次元	2次元	3次元
4	称賛	すごい,富士山に登ったの？スゴイねー	28	-.53	-.12	.40
2	大変さ+ポジティブ	しんどかったんだね。ところで日の出はどうだった？	45	-.45	-.60	-.06
5	説諭(良い経験)	すごいいい経験したね	65	-.30	.49	-.10
3	いきなりポジティブ	でもきれいだったでしょ	129	-.24	.01	-.04
6	私の話	そうなの。私も一度でいいから見てきたいな	170	-.15	.24	.54
1	大変さを汲む	富士山しんどかったんだね	39	.03	-1.74	-.38
7	根拠のない予言	そう思ってもまた行きたくなるんだよ	27	.06	.69	-.98
10	質問	えー！どんなふうだった？教えて	30	.21	-.50	-.87
8	否定・皮肉	行かなきゃいいじゃん／年だね	47	.46	.53	-.59
9	そっけない返事	ああそう／感じない	37	2.20	-.11	.16

Table 4.23 項目6「富士山に登って,初日の出を見てきた。しんどかった！もう2度と行きたくない。」の第2次元の数量化得点による並べ替え

番号	ラベル	応答の具体例	度数	1次元	2次元	3次元
1	大変さを汲む	富士山しんどかったんだね	39	.03	-1.74	-.38
2	大変さ+ポジティブ	初日の出はどうだった？	45	-.45	-.60	-.06
10	質問	えー！どんなふうだった？教えて	30	.21	-.50	-.87
4	称賛	すごい,富士山に登ったの？スゴイねー	28	-.53	-.12	.40
9	そっけない応答	ああそう／感じない	37	2.20	-.11	.16
3	いきなりポジティブ	でもきれいだったでしょ	129	-.24	.01	-.04
6	私の話	そうなの。私も一度でいいから見てきたいな	170	-.15	.24	.54
5	説諭:良い経験	すごいいい経験したね	65	-.30	.49	-.10
8	否定・皮肉	行かなきゃいいじゃん／年だね	47	.46	.53	-.59
7	根拠のない予言	そう思ってもまた行きたくなるんだよ	27	.06	.69	-.98

Table 4.24 項目6「富士山に登って,初日の出を見てきた。しんどかった！もう2度と行きたくない。」の第3次元の数量化得点による並べ替え

番号	ラベル	応答の具体例	度数	1次元	2次元	3次元
7	根拠のない予言	そう思ってもまた行きたくなるんだよ	27	.06	.69	-.98
10	質問	えー！どんなふうだった？教えて	30	.21	-.50	-.87
8	否定・皮肉	行かなきゃいいじゃん／年だね	47	.46	.53	-.59
1	大変さを汲む	富士山しんどかったんだね	39	.03	-1.74	-.38
5	説諭:良い経験	すごいいい経験したね	65	-.30	.49	-.10
2	大変さ+ポジティブ	しんどかったんだね。ところで日の出はどうだった？	45	-.45	-.60	-.06
3	いきなりポジティブ	でもきれいだったでしょ	129	-.24	.01	-.04
9	そっけない応答	ああそう／感じない	37	2.20	-.11	.16
4	称賛	すごい,富士山に登ったの？スゴイねー	28	-.53	-.12	.40
6	私の話	そうなの。私も一度でいいから見てきたいな	170	-.15	.24	.54

第 4 章 教師の共感性と応答様式に関する研究　95

Table 4.25 項目 7 「あっ，曇ってる。雨が降るのかなー，困ったなー。」の第 1 次元の数量化得点による並べ替え

番号	ラベル	応答の具体例	度数	1次元	2次元	3次元
4	援助の申し出	傘貸してあげるよ	45	-.52	.23	.57
7	私の話	本当,私も洗たく物干してきちゃった	78	-.38	.48	1.01
6	根拠のない励まし	まだ,大丈夫じゃない	40	-.22	.40	-.21
2	質問:かさ	かさもってないの？	70	-.19	-.34	.07
5	対応策の提案	かさもっていけば／インターネットで調べてみよう	89	-.18	.56	-.61
3	質問:その他	どうしたの？なにかあるの？	141	-.06	-.30	-.34
1	シンプルな共感	困ったねー　降らないといいね	74	.02	-.90	-.12
10	空を見上げている	降るかもしれないね	23	.13	-.60	-.07
8	否定	それも人生さ。	30	1.03	1.05	-.79
9	そっけない応答	困った／雨やだ／そうだね	26	2.43	.03	1.36

Table 4.26 項目 7 「あっ，曇ってる。雨が降るのかなー，困ったなー。」の第 2 次元の数量化得点による並べ替え

番号	ラベル	応答の具体例	度数	1次元	2次元	3次元
1	シンプルな共感	困ったねー　降らないといいね	74	.02	-.90	-.12
10	空を見上げている	降るかもしれないね	23	.13	-.60	-.07
2	質問:かさ	かさもってないの？	70	-.19	-.34	.07
3	質問:その他	どうしたの？なにかあるの？	141	-.06	-.30	-.34
9	そっけない応答	困った／雨やだ／そうだね	26	2.43	.03	1.36
4	援助の申し出	傘貸してあげるよ	45	-.52	.23	.57
6	根拠のない励まし	まだ,大丈夫じゃない	40	-.22	.40	-.21
7	私の話	本当,私も洗たく物干してきちゃった	78	-.38	.48	1.01
5	対応策の提案	かさもっていけば／インターネットで調べてみよう	89	-.18	.56	-.61
8	否定	それも人生さ	30	1.03	1.05	-.79

Table 4.27 項目 7 「あっ，曇ってる。雨が降るのかなー，困ったなー。」の第 3 次元の数量化得点による並べ替え

番号	ラベル	応答の具体例	度数	1次元	2次元	3次元
8	否定	それも人生さ	30	1.03	1.05	-.79
5	対応策の提案	かさもっていけば／インターネットで調べてみよう	89	-.18	.56	-.61
3	質問(その他)	どうしたの？なにかあるの？	141	-.06	-.30	-.34
6	根拠のない励まし	まだ,大丈夫じゃない	40	-.22	.40	-.21
1	シンプルな共感	困ったねー　降らないといいね	74	.02	-.90	-.12
10	空を見上げている	降るかもしれないね	23	.13	-.60	-.07
2	質問(傘)	かさもってないの？	70	-.19	-.34	.07
4	提案:かさ貸す	かさかしてあげる	45	-.52	.23	.57
7	私の話	本当,私も洗たく物干してきちゃった	78	-.38	.48	1.01
9	そっけない応答	困った／雨やだ／そうだね	26	2.43	.03	1.36

Table 4.28 項目 8 「このごろ，ろくなもの食べてないなー。なにかおいしいもの食べたいなあ。」の第 1 次元の数量化得点による並べ替え

番号	ラベル	応答の具体例	度数	1次元	2次元	3次元
4	個人的な提案	焼肉食べに行こう！	75	-.50	.58	.14
3	食べに行く提案	どこかおいしいお店でも行こうか？	187	-.19	.12	-.21
5	説諭的な提案	栄養とらないと	86	-.13	.50	-.26
2	質問	何食べたいの？	123	-.05	-.44	-.39
1	シンプルな共感	ほんと，おいしいもの食べたいね	43	.02	-1.58	-.13
6	私の話	食べるより呑みたいなァ	64	.12	.14	1.17
7	そっけない返事	同感	39	2.11	.04	.76

Table 4.29 項目 8 「このごろ，ろくなもの食べてないなー。なにかおいしいもの食べたいなあ。」の第 2 次元の数量化得点による並べ替え

番号	ラベル	応答の具体例	度数	1次元	2次元	3次元
1	シンプルな共感	ほんと，おいしいもの食べたいね	43	.02	-1.58	-.13
2	質問	何食べたいの？	123	-.05	-.44	-.39
7	そっけない返事	同感	39	2.11	.04	.76
3	食べに行く提案	どこかおいしいお店でも行こうか？	187	-.19	.12	-.21
6	私の話	食べるより呑みたいなァ	64	.12	.14	1.17
5	説諭的な提案	栄養とらないと	86	-.13	.50	-.26
4	個人的な提案	焼肉食べに行こう！	75	-.50	.58	.14

Table 4.30 項目 8 「このごろ，ろくなもの食べてないなー。なにかおいしいもの食べたいなあ。」の第 3 次元の数量化得点による並べ替え

番号	ラベル	応答の具体例	度数	1次元	2次元	3次元
2	質問	何食べたいの？	123	-.05	-.44	-.39
5	説諭的な提案	栄養とらないと	86	-.13	.50	-.26
3	食べに行く提案	どこかおいしいお店でも行こうか？	187	-.19	.12	-.21
1	シンプルな共感	ほんと，おいしいもの食べたいね	43	.02	-1.58	-.13
4	個人的な提案	焼肉食べに行こう！	75	-.50	.58	.14
7	そっけない返事	同感	39	2.11	.04	.76
6	私の話	食べるより呑みたいなァ	64	.12	.14	1.17

Table 4.31 項目9「学校なんか大嫌い！勉強なんか，絶対したくない！」の第1次元の数量化得点による並べ替え

番号	ラベル	応答の具体例	度数	1次元	2次元	3次元
1	受容	ほんとだね,つらいね	58	-.42	-1.11	-.18
4	質問(親身)	どうしたの？何かあったの？	109	-.42	-.60	-.24
7	私の話	私も嫌いだなあ〜	45	-.36	.15	1.34
3	ポジティブな面へ	楽しいことあるよ。さがしてごらん	83	-.32	.26	-.05
5	改善策の提案	思い切りあそんできたら,勉強する気になるかもしれない	67	-.18	.66	-.31
2	みんな一緒	みんなそう思ってるよ	32	-.17	.17	.12
6	説諭(勉強の意義等)	ふーん。でも,勉強って必要なことなんだよ	69	-.15	.65	-.14
8	否定	そんなこと言わずに,がんばろうよ／じゃあ,やめとけば	83	.50	.44	-.09
10	質問(そっけない)	何故？	32	1.10	-.58	-.39
9	そっけない返事	たしかに！！／ふうん,そうなんだ	35	1.85	-.29	.75

Table 4.32 項目9「学校なんか大嫌い！勉強なんか，絶対したくない！」の第2次元の数量化得点による並べ替え

番号	ラベル	応答の具体例	度数	1次元	2次元	3次元
1	受容	ほんとだね,つらいね	58	-.42	-1.11	-.18
4	質問(親身)	どうしたの？何かあったの？	109	-.42	-.60	-.24
10	質問(そっけない)	何故？	32	1.10	-.58	-.39
9	そっけない返事	たしかに！！／ふうん,そうなんだ	35	1.85	-.29	.75
7	私の話	私も嫌いだなあ〜	45	-.36	.15	1.34
2	みんな一緒	みんなそう思ってるよ	32	-.17	.17	.12
3	ポジティブな面へ	楽しいことあるよ。さがしてごらん	83	-.32	.26	-.05
8	否定	そんなこと言わずに,がんばろうよ／じゃあ,やめとけば	83	.50	.44	-.09
6	説諭(勉強の意義等)	ふーん。でも,勉強って必要なことなんだよ	69	-.15	.65	-.14
5	改善策の提案	思い切りあそんできたら,勉強する気になるかもしれない	67	-.18	.66	-.31

Table 4.33 項目9「学校なんか大嫌い！勉強なんか，絶対したくない！」の第3次元の数量化得点による並べ替え

番号	ラベル	応答の具体例	度数	1次元	2次元	3次元
10	質問(そっけない)	何故？	32	1.10	-.58	-.39
5	改善策の提案	思い切りあそんできたら,勉強する気になるかもしれない	67	-.18	.66	-.31
4	質問(親身)	どうしたの？何かあったの？	109	-.42	-.60	-.24
1	共感	ほんとだね,つらいね	58	-.42	-1.11	-.18
6	説諭(勉強の意義等)	ふーん。でも,勉強って必要なことなんだよ	69	-.15	.65	-.14
8	否定	そんなこと言わずに,がんばろうよ／じゃあ,やめとけば	83	.50	.44	-.09
3	ポジティブな面へ	楽しいことあるよ。さがしてごらん	83	-.32	.26	-.05
2	みんな一緒	みんなそう思ってるよ	32	-.17	.17	.12
9	そっけない返事	たしかに！！／ふうん,そうなんだ	35	1.85	-.29	.75
7	私の話	私も嫌いだなあ〜	45	-.36	.15	1.34

Table 4.34 項目10「ひさしぶりに旅行に行きたいなー。どこかいいところ知らない？」の第1次元の数量化得点による並べ替え

番号	ラベル	応答の具体例	度数	1次元	2次元	3次元
5	知っている	知ってるよ／調べておくよ	61	-.35	.42	-.57
4	提案(自分の意見)	温泉がいいよ	186	-.21	.27	.33
3	提案(相手の意向を問う)	温泉はどう？	63	-.09	.36	-.43
6	私の話	私も行きたい。	66	-.08	.17	.88
2	質問	どんなところへ行きたいの？	143	-.08	-.47	-.38
1	受容	旅行いいねえ	38	-.06	-1.45	-.06
8	知らない	わかんない	43	1.11	.42	-.21
7	そっけない返事	そうだねー…	15	2.52	-.52	.80

Table 4.35 項目10「ひさしぶりに旅行に行きたいなー。どこかいいところ知らない？」の第2次元の数量化得点による並べ替え

番号	ラベル	応答の具体例	度数	1次元	2次元	3次元
1	受容	旅行いいねえ	38	-.06	-1.45	-.06
7	そっけない返事	そうだねー…	15	2.52	-.52	.80
2	質問	どんなところへ行きたいの？	143	-.08	-.47	-.38
6	私の話	私も行きたい	66	-.08	.17	.88
4	提案(自分の意見)	温泉がいいよ	186	-.21	.27	.33
3	提案(相手の意向を問う)	温泉はどう？	63	-.09	.36	-.43
5	知っている	知ってるよ／調べておくよ	61	-.35	.42	-.57
8	知らない	わかんない	43	1.11	.42	-.21

Table 4.36 項目10「ひさしぶりに旅行に行きたいなー。どこかいいところ知らない？」の第3次元の数量化得点による並べ替え

番号	ラベル	応答の具体例	度数	1次元	2次元	3次元
5	知っている	知ってるよ／調べておくよ	61	-.35	.42	-.57
3	提案(相手の意向を問う)	温泉はどう？	63	-.09	.36	-.43
2	質問	どんなところへ行きたいの？	143	-.08	-.47	-.38
8	知らない	わかんない	43	1.11	.42	-.21
1	受容	旅行いいねえ	38	-.06	-1.45	-.06
4	提案(自分の意見)	温泉がいいよ	186	-.21	.27	.33
7	そっけない返事	そうだねー…	15	2.52	-.52	.80
6	私の話	私も行きたい	66	-.08	.17	.88

(3) KJ 法による仮説と多重対応分析による数量化の結果との比較

本研究では，KJ 法を行った際に，見出されたカテゴリー間の関係を考え，仮説化したものを図示した。9項目の中で，どの項目とも相対的に高い相関を示した項目2（「あしたからバーゲンなの。楽しみでワクワクする。」）の応答の仮説（Figure 4.1）を代表例として取り上げ，数量化によって見出された次元（Figure 4.2）との比較を以下に行う。

KJ 法では，カードをまとめる作業によって見出されたカテゴリーを，話し手の語った感情に即して応答していると考えられるカテゴリーから，話し手の感情を否定してはいないが，話し手の述べた客観的な事柄に反応していると考えられるカテゴリーまでを1次元上に配置した。そして，相手の感情

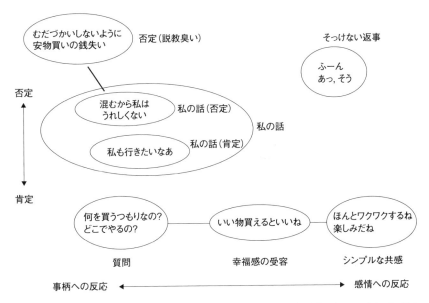

Figure 4.1　KJ 法により図解化された項目2「あしたからバーゲンなの。楽しみでワクワクする。」の仮説

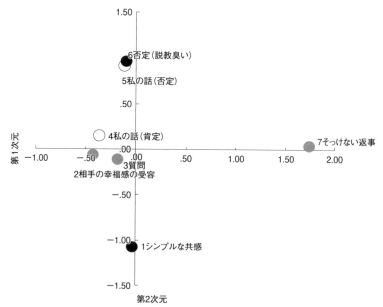

Figure 4.2　多重対応分析により数量化された値に基づく項目2のカテゴリーのプロット

注）●→○の濃淡は，第3次元（自分中心）の値の昇順を示す

を否定して，説教臭くなったりする「否定」のカテゴリーを別次元に配置し，話し手の陳述内容に対する肯定的な反応と否定的な反応とを区別した。さらに，自分に焦点を当てた「私の話」をする反応とそうでない反応があることを考えた。話し手に対する関心の低い「そっけない返事」については，さらに，別次元を設け，特に，他のカテゴリーとの連続性は考慮しなかった。

　数量化によって見出された第2次元「否定 – 受容」のカテゴリーの並び順は，KJ法による仮説に類似したものであった。しかし，KJ法では，話し手の述べる感情に即して反応する応答から相手の述べる客観的な事柄に反応する応答までを1つの次元として想定したが，数量化によって，その次元は見

出されず，話し手の感情を素直に受け止めるカテゴリーから話し手の感情を強く否定するカテゴリーまでが連続的に1次元となった。KJ法では，「そっけない返事」を単独で布置させたが，数量化によっても，そっけない返事のみに，第1次元では正の目立つ値が付与され，KJ法と同様の結果を示した。また，人の話を聞いて，「私の話」をする傾向としない傾向があることは，KJ法によってすでに見出されていたが，同様の次元は，数量化によっても第3次元として出現した。全体として，数量化で見出された3つの次元は，KJ法で生成された仮説的な構造とかなり一致しており，筆者の仮説を，多重対応分析によって，適切に数量に変換できたと考えられる。

4　総合考察

　本研究では，日本の心理学研究において頻繁に利用されてきたKJ法を導入して，学校教師の自由記述型のデータからカテゴリーを生成した。そして，多重対応分析によって，複数の次元を見出し，次元ごとに各カテゴリーの数量化を行った。多重対応分析によって見出された第1次元「そっけなさ」，第2次元「否定－受容」，第3次元「自分中心」は，KJ法で生成された仮説構造とほぼ一致し，意味的に適切な数量化がなされていると判断された。多重対応分析によってカテゴリーに与えられた数量化得点の内容的な妥当性が，KJ法で導かれたカテゴリー間の構造により示されたといえよう。

　複数の変数のカテゴリー型データが存在し，カテゴリー度数を複数の変数に渡って加算したい場合，変数間でカテゴリーが一致していることが前提となると，通常は考えられるであろう。しかし，ここでは，各変数で得られたデータのみを参照して，それぞれ，カテゴリーを生成し，見出されたカテゴリー数も，変数によって異なっていた。本研究のように，カテゴリーを延べにして数量化を行う場合には，全変数に通底するカテゴリーを，メタレベルでの判断によって作成する必要はなく，より単純なデータ駆動型の作業によってカテゴリーを見出していくことが可能になる。

また，見出されたカテゴリーを合併させて，より高次のカテゴリーを作成することも，従来よく用いられてきた手法である。しかし，ここでは，恣意的なカテゴリーの合併を行わないことにより，かえって，小さいカテゴリーの並び順を柔軟に変えることが可能となり，全く同じカテゴリー群を用いながら，複数の次元を客観的に見出すことができたと考えられる。

今後，本研究で見出された日常会話の陳述に対する応答様式の3次元に従って，学校教師個人の数量化得点を求め，各次元の平均値の集団による差異を検討することや，他のリッカート尺度得点との相関係数を算出することにより，学校教師の応答様式と外部の変数との関係を検討することが期待される。

第2節　教師の共感性と応答様式に関する検討【研究6】[18]

1　問題と目的

アメリカのカウンセリング心理学研究において，カウンセラーの言語応答様式の問題は数多く取り上げられ，カウンセラーの応答を分類するためのカテゴリーも数多く設定されてきた（Hill, 1978; Stiles, 1986）。しかし，学校教師の言語応答様式に関する研究は，ほとんど存在しない。これは，アメリカの学校では，教師，スクールカウンセラー，スクールサイコロジスト等の専門職の役割分担がなされてきたこと（石隈，1999）に起因すると考えられる。

日本においては，スクールカウンセラーが配置される以前には，教育相談を，専ら学校教師が担ってきた長い歴史がある（大野，1997）。その中で，玉瀬・西川（1992），玉瀬ら（1994），山口ら（1992）が，カウンセリング場面におけるカウンセラーの応答様式の分類方法を参考にしながら，それぞれ独自の数個の応答様式を設定し，教師を対象にした調査を行っている。しかし，

---

[18] 研究6は「鈴木郁子　2007　教師の共感性と応答様式に関する研究　カウンセリング研究，40, 127-135.」の一部を加筆修正したものである。

これらの研究では，言語応答様式は，先験的に設定され，実際のデータに基づいて，個人差測定のために近年盛んに用いられるようになった多変量解析（柳井，1994）等の手法によって見出された様式ではない。

他方，研究5（第1節）では，日常会話場面で生起しやすい複数の陳述に対する教師の自由記述型の応答から，KJ法を用いたカテゴリー生成，多重対応分析を用いたカテゴリーの数量化により，「そっけなさ」，「否定－受容」，「自分中心」という言語応答様式の3次元を見出すことができた。これは，カテゴリー型のデータを数量化する多変量解析の一手法である多重対応分析の，同一のカテゴリーに複数の数量の割り当てを可能とする性質を活かしたものであった。

Barret-Lennard（1981）の共感のサイクルモデルによれば，相手に対して反応する段階の前の段階にあるのが，個人内部での共感の段階である。近年，共感は多次元と考えられているが，共感のどのような側面が，どのような言語応答につながっているのかの実証的な研究はなされていない。研究3で設定された内的な共感の4次元が，研究5で見出された言語応答様式の3次元と，どのように関係しているかを検討することは，心理学研究に新たな知見を加えることになると思われる。

以上より，本研究では，研究3で作成された「共感体験尺度」で測定される学校教師の共感性と，研究5で作成された日常会話の陳述に対する自由記述型応答尺度で測定される学校教師の応答様式との関連を検討する。研究1および研究2では，教育相談担当経験のある教師が経験のない教師より，愛他的態度を取り，受容的な言語応答を行うことを見出している。したがって，本研究で測定する反応に関しても，相談担当経験のある教師と経験のない教師との差異が見出されることが予想される。また，同じ教師でも，小学校教師と中学校教師では，その役割意識に差異があることを，原岡（1990）が指摘している。学校種により援助の対象者である子どもの発達段階が異なるため，教師が所属している学校種も無視できない要因であろう。さらに，

情動的な共感体験の量に,男女で有位な差異があることが,研究3ですでに見出されているため,教師の性差も加味する必要があると思われる。そこで,本研究では,教育相談担当経験の有無による差異に,学校種,性別による差異を加味した検討を試みる。

2 方法

(1) **調査対象**

公立小学校12校,中学校10校,高等学校9校に勤務する学校教師620名(男性312名,女性308名,平均年齢43.3歳,標準偏差9.84歳)を調査の対象とした。調査は,研究5と同一の調査である。

(2) **調査時期**

2005年2月～3月であった。

(3) **測度**

①共感体験尺度(研究3):「ポジティブな情動に対する共感」(7項目),「ネガティブな情動に対する共感」(10項目),「個別性の認識に基づいた共感」を表す「相手を尊重した共感」(6項目),「相手との相違を意識した共感」(7項目)の4下位尺度30項目からなる尺度である。「1. よくあてはまる」～「4. 全くあてはまらない」までの4段階評定である。

②提示された日常会話の陳述に対する自由記述型応答(研究5):相手の感情的な表出を含む10個の陳述(項目1「わあー,まっ赤だ,すごい!さすがに北海道の紅葉はすごいね。」,2「あしたからバーゲンなの。楽しみでワクワクする。」,3「あーあ,何かいいことないかなあー,生活変えたいなあー。」,4「いつまで続くの,この雨。ジメジメして,まったくイヤになる。」,5「あっ,いいにおいだ!カレーの匂いをかぐと食欲が出てくるね。」,6「富士山に登って,初日の出を見てきた。しんどかった!もう2度と行きたくない。」,7「あっ,曇ってる。雨が降るのかなー,困ったなー。」,8「このごろ,ろくなもの食べてないなー。なにかおいしいもの食べたいなあ。」,9「学校なんか大嫌い!勉強なんか,絶対したくない!」,10「ひ

さしぶりに旅行に行きたいなー。どこかいいところ知らない？」）に対する応答
を，それぞれ自由に記述してもらう形式である。なお，調査では，上記の10
項目への回答を求めたが，項目5と他の項目との相関が低かったため，研究
5において，項目5はすでに分析から除外されている。

(4) 調査手続き

上記の小・中・高等学校の各職場に依頼して，910名分の質問紙を郵送
し，各職場で，学校教師が空き時間を利用して，個別に回答した。研究参加
者は，性別，年齢，勤務する学校の種類および教育相談担当経験年数を回答
した後，研究3と研究5で作成された尺度に回答した。623名分の質問紙
が，職場単位で郵送により返却され，その回収率は，68.5％であった。その
うち，回答に著しく不備のあった3名の回答を除外した。なお，調査では，
上記の他に，教師の職場の人間関係を問う20項目および教師の信念を問う32
項目を併せて実施したが，本研究の調査内容とは異なるため，分析から除外
した。

3　結果

(1) 共感性の学校種・性別・教育相談経験の有無による平均値の差異

研究3で作成された「共感体験尺度」の4下位尺度（第1尺度「ポジティブ
な情動に対する共感」，第2尺度「ネガティブな情動に対する共感」，第3尺度「相手
を尊重した共感」，第4尺度「相手との相違を意識した共感」）における参加者個人
の得点を用いて，学校種（小・中・高）×性別（男・女）×教育相談経験（有・
無）の多変量分散分析を行った。なお，教育相談担当経験については，経験
年数を1年以上と答えた者を教育相談担当経験のある教師，0年と答えた者
を教育相談担当経験のない教師とみなした。学校種×性別，学校種×相談経
験，性別×相談経験，学校種×性別×相談経験の交互作用は認められなかっ
た。また，学校種による主効果は認められなかった。性別の主効果（$F
(4,582) = 4.36, p < .01$）が認められ，各従属変数において，個別に分散分析を

行った結果,男性より女性の方が,「ポジティブな情動に対する共感」(F (1,585) = 14.53, $p < .01$)と「ネガティブな情動に対する共感」(F (1,585) = 6.80, $p < .01$)の得点が高いことが示された。また,多変量分散分析により,相談経験の主効果(F (4,582) = 2.95, $p < .05$)が認められ,各従属変数において,個別に分散分析を行った結果(Table 4.37),相談経験のある教師の方が,経験のない教師より,「相手を尊重した共感」(F (1,585) = 7.52, $p < .006$)の得点が高いことが示されたが,その他の下位尺度では,相談経験の有無による差異は認められなかった。

Table 4.37 教育相談担当経験の有無による共感体験尺度の下位尺度得点の平均値の差異

	相談経験あり		相談経験なし		F値	p値
	平均値	標準偏差	平均値	標準偏差		
ポジティブな情動に対する共感	21.52	3.00	21.16	3.11	.02	.878
ネガティブな情動に対する共感	28.60	4.01	28.39	4.09	.00	.971
相手を尊重した共感	17.82	2.36	16.82	2.52	7.52	**.006**
相手との相違を意識した共感	22.88	2.44	22.59	2.44	1.76	.185

(2) 応答様式の学校種・性別・教育相談経験の有無による平均値の差異

研究5で見出された応答様式の3次元(第1次元「そっけなさ」,第2次元「否定-受容」,第3次元「自分中心」)の各次元で各カテゴリーに付与された数量化得点を用いて,参加者個人の数量化得点を算出した。参加者個人の3種類の得点を用いて,学校種(小・中・高)×性別(男・女)×教育相談経験(有・無)の多変量分散分析を行った結果,学校種×相談経験,性別×相談経験および学校種×性別×相談経験の交互作用は認められず,相談経験の主効果(F (3,605) = 3.43, $p < .01$)が認められた。各従属変数(第1次元~第3次元の数量化得点)において個別に分散分析を行った結果(Table 4.38),相談担当経験のある教師は,経験のない教師より,性別および学校種にかかわりなく,第2次元(否定-受容)の得点が低く(F (1,613) = 9.46, $p < .002$),受容的な応答を行うことが示された。しかし,第1次元と第3次元では,相談経験の有

無による平均値の差異は認められなかった。

Table 4.38 教育相談担当経験の有無による応答様式3次元の数量化得点の平均値の差異

	相談経験あり		相談経験なし		F値	p値
	平均値	標準偏差	平均値	標準偏差		
第1次元(そっけなさ)	-.08	.94	.02	1.02	.50	.480
第2次元(否定－受容)	-.34	1.10	.07	.96	9.46	**.002**
第3次元(自分中心)	.02	1.04	-.01	1.00	.01	.925

また，多変量分散分析により，学校種×性別の交互作用（$F(6, 1208) = 2.77, p < .01$）が認められたため，各従属変数（第1次元～第3次元の数量化得点）において個別に分散分析を行った結果，全ての次元において，学校種×性別の交互作用が認められたため（1次元：$F(2,607) = 4.92, p < .008$；2次元：$F(2,607) = 5.57, p < .004$；3次元：$F(2,607) = 4.13, p < .016$），単純主効果の検定を行った。第1次元と第2次元の等分散性の検定が有意になったため，多重比較には，DunnettT 3の検定を行った。各次元の学校種，男女別の平均得点を Figure 4.3～Figure 4.5に示した。小学校では，3次元全てにおいて，男性教師と女性教師の差が認められず，小学校の男性教師の反応は，女性教師の平均得点に近いことが示された。中学校と高校においては，性差が認められるところが多かった。第1次元の得点は，中学校および高等学校の男性教師が女性教師より有意に高く，男性の方がそっけない応答をする者が多いことが示された。第2次元の得点は，高校の男性教師が女性教師よりも有意に高く，男性の方が相手の話を否定する応答を多く行うことが示された。第3次元の得点は，中学の女性教師が男性教師よりも有意に高く，女性の方が自分中心の話をする者が多いことが示された。以上では，全て，$p < .001$であった。

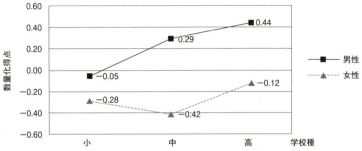

Figure 4.3　第1次元（そっけなさ）の得点の学校種ごとの平均値

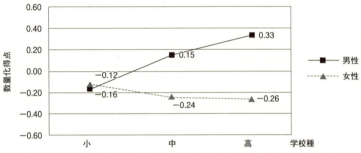

Figure 4.4　第2次元（否定－受容）の得点の学校種ごとの平均値

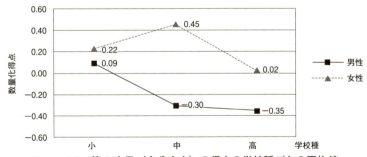

Figure 4.5　第3次元（自分中心）の得点の学校種ごとの平均値

(3) 共感性と応答様式との関連

共感体験尺度の下位尺度得点と応答様式の3次元の数量化得点を用いて相関分析を行った結果（Table 4.39），共感体験尺度の「相手を尊重した共感」と応答様式の第2次元「否定－受容」との間に，$r=-.20$（$p<.01$）の有意な負の相関が認められた。なお，学校種や性別で参加者を分けた分析結果も，$r=-.08$～.28と，ほぼ同様の傾向を示し，参加者群の間で大きな差異は認められなかった。第1次元，第3次元では，共感体験尺度のいずれの下位尺度とも有意な相関は見出されなかった。

Table 4.39　応答様式と共感体験尺度との相関（N＝620）

	1次元 （そっけなさ）	2次元 （否定－受容）	3次元 （自分中心）
ポジティブな情動に対する共感	-.08	-.08	.02
ネガティブな情動に対する共感	-.03	-.06	.09
相手を尊重した共感	-.02	-.20**	.07
相手との相違を意識した共感	.00	-.01	.05

**p＜.01

4　考察

共感体験尺度の得点と応答様式の数量化得点においては，応答様式にのみ，学校種による差が認められ，教師の内的な共感体験の量には差が認められなかった。このことは，個人内で共感する段階では，社会的な役割の影響を受けにくいが，対人的に表出する段階では，その内容が社会的に果たす役割の影響を受けやすいことを示していると考えられる。

「共感体験尺度」では，男性より女性の方が情動的な共感を表す2下位尺度の得点が高く，個別性の認識に基づいた共感を表す2下位尺度では，性差が認められなかった。これは，研究3の結果と一致する。情動的な共感における女性の自己報告の高さは，多くの先行研究の結果とも一致しており（たとえば，Meherabian & Epstein, 1972; Hoffman, 1977），これら2下位尺度の情動的な共感を測定する尺度としての妥当性を支持する結果といえる。

応答様式のほとんどの次元において，中学および高校では性差が認められ，女性より男性の方がそっけない応答，否定的な応答をし，自分の話をしないことが示された。West & Zimmerman (1977) は，女性より男性の方が相手の話を妨げたり，無視したりする場合が多いことを指摘している。本研究の結果においても，このような会話行動に見られる性差（内田，1997）が反映されていると考えられる。また，教師の役割意識を検討した原岡 (1990) は，男性教師より女性教師の方が，子どもを理解することに重点を置いていることを指摘しており，教師の役割意識における性差も，女性教師で，熱心で受容的な応答傾向が多くなるなどの影響を生じさせていると考えられる。

しかしながら，小学校教師では，応答様式に性差が認められず，全体的に，男性教師の応答が女性の応答の特徴に近いことが示された。原岡 (1990) は，中学校教師より小学校教師の方が，相談・助言などカウンセラー的役割をとることを重視しているという結果を得ている。男性教師がカウンセラー的な役割を取る場合にも，受容的な応答が増加すると推測される。そして，熱心な応答が増加する結果として，そっけない短い応答が相対的に減少すると考えられる。また，小学校の男性教師が，「私の話」をする場合には，「先生も同じように思っているよ」など，子どもと同じ目線に立った柔らかい応答を回答として記述しているケースが多く，やはり，受容的な応答傾向を反映して，「私の話」が増加していると思われる。

教育相談担当教師では，学校種，性別にかかわりなく，相手を尊重した共感体験を多く報告し，相手の話を受容した内容を表出する者が多かった。小・中・高等学校教師に各役割が存在することとは別に，教育相談担当教師に共通する役割文化が存在していることを示唆していると考えられる。

相関分析の結果では，共感体験尺度の「相手を尊重した共感」と応答様式の「否定－受容」次元との間に，弱いながらも関係が認められた。相手を尊重した共感を内的に多く行っていると報告する者の方が，相手の気持ちを否

定しない受容的な応答を書くことが多いということは，理論的に整合性があると思われる。話を聴く役割を担う教育相談担当教師において，「相手を尊重した共感」得点が高く，「否定－受容」得点が低かったことも，整合性を裏付ける結果となっていると考えられる。しかし，共感体験尺度で測定される内的な心理体験の量と，応答様式で測定される対人的な行動は，測定している段階が異なり，異なる段階同士の測定値は，概して，高い相関を導かないことを，Barret-Lennard（1981）が指摘しているように，本研究でも高い相関が認められなかった。「そっけなさ」次元で，共感体験尺度と相関が見出されなかったことは，そっけない短い応答をするか否かは，記述のスタイルの問題であり，共感体験の量とは，特に関連が考えられず，妥当な結果と思われる。

　また，相関分析の結果，「自分中心」次元と共感体験尺度のいずれの下位尺度とも関係が認められなかった。相手の話を聞いた直後に，自分の話をしてしまうことは，相手と自分との区別をつけて，相手の感情を尊重する個別性の認識に基づいた共感を行っていないことを示していると考えられた。しかし，結果として，個別性の認識に基づいた共感を測定する下位尺度との間においても相関は認められなかった。この理由として，研究5のカテゴリー分類の弁別性に問題があったことが考えられる。研究5では，基本的に，「私」という言葉が出てきた場合には，ほぼ，自動的に「私の話」に分類した。しかし，自分の話をすることにより相手の心を開こうとする自己開示的な発言である場合，私と相手を良い意味で一体化させて感情を共有する場合，相手を切り離して自分に焦点を当ててしまう場合等，多様な内容が「私の話」に混入してしまい，質的な弁別ができていなかったと考えられる。また，研究5で言及されているように，「私の話」の極の対極に様々なカテゴリーが配置され，その中には，相手の感情を否定するニュアンスの強いカテゴリーも含まれているため，どちらの極もカウンセリング的態度の観点からは，望ましくない応答となり，「自分中心」次元が共感性を測定する尺度得

点と線形的な関係になっていない可能性も考えられる。

5 総合考察

　本研究では，学校教師の個人内の共感体験と対人的な表出段階である言語的な応答との間の関連を探り，教育相談担当経験の有無による反応の差異に，性差，学校種，職業による差異を加味した検討を行った。

　「共感体験尺度」の個別性の認識に基づいた共感を表す「相手を尊重した共感」次元と言語的な応答様式の中の「否定－受容」次元との間に関連が認められた。そして，学校種や性別にかかわらず，教育相談担当経験のある教師は，経験のない教師より，「相手を尊重した共感」の得点が高く，「否定－受容」の得点が低いことが示されたことから，カウンセラー的な役割を担った経験のある教師では，個別性の認識に基づき，相手の感情を尊重し，相手のネガティブな話についても，受容的な応答をする傾向にあることが窺われた。研究1では，カウンセリング経験によって，教師が話し手に対する良好な態度を身につける可能性が指摘されている。本研究で得られた教育相談経験の有無による反応の差異もまた，経験による教師の成長可能性を示し，教師一般の資質向上の目標に，1つの示唆を加える結果となったと思われる。

　また，学校種や性別による反応の差異を検討したことにより，内的な共感体験と対人的な応答様式の特徴の差異を捉えることが可能になった。内的な共感体験では，情動的な共感体験の報告が女性に多いことが再確認された以外では，学校種と性別による差異は認められなかった。他方，応答様式では，学校種や性別が大きく関わり，対人的な言語応答様式は，社会的な役割の影響を受けやすいことが示唆された。研究2で行った教師と会社員との比較において，同性であっても，社会的役割によって応答傾向が異なることが示され，本研究で導かれた応答様式に関する結論も，これと一致している。

　なお，本研究では，以下の課題が残されていると考えられる。まず，本研究では，応答様式として，自分の話を優先させてしまう様式を見出したが，

個別性の認識に基づいた共感との関連を見出すことはできなかった。今後，自分の話をする応答の質的な弁別性を高める工夫が必要と思われる。

　次に，教育相談を担当するか否かは，適性を考慮した人事的な問題を含み，研究1および研究2と同様に，教師の先天的な個人差と後天的な経験差の弁別ができていない点が問題と考えられる。したがって，同一の教師の縦断調査により，経験による成長過程を捉える研究が期待される。

　また，「紙上応答訓練法」（上地，1990）が，実際の研修で活用されているように，本研究の自由記述型質問紙も，各受講生の応答を研修の導入部分で活用するなど，教師の資質を高めるための実践に，今後，発展させていくことが望まれる。

　最後に，個別性の認識に基づいた共感ができることは，受容的な応答様式を身につけることに比して，社会的な役割の影響を受けにくいことが，本研究により示唆されたため，その能力を高めることは，言語的な応答の質を高めることより，困難を極めることが予想される。個別性の認識に基づいた共感を身につけるためには，より積極的なトレーニングが必要であるといえよう。共感の中でも，個別性の認識に基づいた共感に焦点を当てた効果的な研修を考案することも，今後の課題である。

第5章 教師の個別性の認識に基づいた共感性を向上させる研修

第1節 「ラボラトリー方式の体験学習」と個別性の認識に基づいた共感との関連

1 教師の個別性の認識に基づいた共感を向上させる研修について

　本論文では，教師の個別性の認識に基づいた共感の重要性を一貫して提唱し，第3章，第4章では，個別性の認識に基づいた共感を含む多次元共感性尺度「共感体験尺度」の開発を出発点として，個別性の認識に基づいた共感と学校教師の職場の生徒との関係および受容的な言語応答様式との関連を見出した。また，学校で教育相談の業務に就く教師では，個別性の認識に基づいた共感の得点が高いことを示した。

　教師の共感性を向上させる研修として，上地（1990）は，Truax & Carkhuff（1967）および Gazda, Asbury, Balzer, Childers, & Walters（1984）を参考にしながら，教師の応答レベルを4段階で評定して，各自の応答を点検する「紙上応答訓練法」を開発している。4段階の1レベルは，「ポイントがずれた，または有害な応答」，2レベルは，クライエントの表面上の感情を部分的に理解した「不十分な応答」，3レベルは，「表面上の感情が反映された応答」，4レベルは，「内面的な感情が反映され，援助をさらに促進する応答」で，クライエントの理解を超えたレベルで理解されているとクライエントが受け取るような応答である。上記の上地（1990）の応答レベルに類似した Truax & Carkhuff（1967）の設定した応答レベルについて，澤田（1998）は，一般の福祉に関連する場面や看護の場面においては，4レベルの共感的理解が求められることはほとんどなく，また，相手の気づいてな

い感情を指摘することで相手が混乱してしまう危険性があるため，3レベルを目指すことで十分であると述べているが，教師の日常場面でも同様のことがいえると思われる。しかし，3レベルでは，相手の表面的な感情が正確に反映されるという以外には，どのような共感を扱っているのかの言及がなされていない。本論文で提唱するところの自他の個別性の認識に基づいた共感と接点はあろうが，上地（1990）の設定では，焦点の定まらない漠然とした共感となってしまっていると考えられる。また，このような応答訓練は，カウンセリング技術を向上させたいという動機づけの高い教師には受け入れられるであろうが，一般教師向けの現職研修としては，面白みに欠け，教師を惹きつける研修として成立させることが難しいと推測される。

そこで，第5章では，紙上応答訓練法（上地，1990）とは別に，共感性の中でも，個別性の認識に基づいた共感を高めることを目的とした研修を教師に実施することにする。研修のメソッドとして，近年，優れた教育プロジェクトであると期待され，「教員養成推進プログラム」（文部科学省，2005）として採択された「ラボラトリー方式の体験学習」の導入を試みる。

2 「ラボラトリー方式の体験学習」とは

「ラボラトリー方式の体験学習」は，小グループを作り，その小グループの中でのコミュニケーションやグループワークを通して得られた体験を素材として，「今・ここ」で起こっていることに焦点を当て，一人ひとりの個性を生かしつつ，異なる他者とどう関わっていくのかを学び，個人として，グループとして，組織として，より有効に機能するあり方を学ぶ方法である。

「ラボラトリー方式の体験学習」の始まりは，1946年に社会心理学のグループダイナミックス研究の創始者であるLevinらが，コネティカット州の教育局より依頼を受けて，ソーシャルワーカー，教育関係者や企業人を集め，人種問題をいかに解決していくかについての講義やロールプレイング，グループ討議を行いながら研修を進めた時にある（津村，2001）と考えられ

ている。この時のグループ運営の仕方が，マサチューセッツ州ベセルに設立された National Training Laboratories（略称 NTL）に引き継がれ，そこで「Tグループ（トレーニンググループの略）」のトレーニング方法が開発され，社会的感受性とコミュニケーションスキルの開発，リーダーシップの理解と実践のためのトレーニング，組織開発等への応用として教育プログラムは展開し，世界中に広まっていった。

　NTL で開発された T グループは，日常生活から離れ，人工的に作られたグループの中で，自分自身の課題を試してみる場であることから，ラボラトリートレーニング（Laboratory Training）と呼ばれている。T グループは，通常，数日間にわたって実施される場合が多いが，T グループの中でも，学ぶためのねらいがより明確にされ，「ファシリテーター」と呼ばれる教育スタッフから特定の課題を行うよう指示されるセッションのみが切り取られ，比較的短時間で実施できることから，その課題型のセッションが研修の場で盛んに行われている。すなわち，「ラボラトリー方式の体験学習」には，この課題型セッションによる「構成的なアプローチ」（中村，2003）と，一般的にグループの課題や特定の話題は前もって決められていない狭義の「T グループ」（山本，2005）による「非構成的なアプローチ」（中村，2003）が存在するのである。

3 「ラボラトリー方式の体験学習」の学習サイクルと個別性の認識に基づいた共感との関連性

　体験学習では，1回の体験から何かを学ぶということばかりではなく，学んだことを次の体験に活かしていくというように，学習を循環させていくことを重視している。体験学習において，学習サイクルに関する学説は，諸説ある（たとえば，Henkelman-Bahm, 1999; Jones & Pfeiffer, 1975; Kolb, 1984; Palmer, 1981）。しかし，中村（2004）によれば，日本でよく用いられている学習サイクル理論は，EIAHE' モデルと呼ばれている理論である。この理論では，学

習は，「体験する（Experience）」,「指摘する（Identify）」,「分析する（Analyze）」,「仮説化する（Hypothesize）」という4つのステップからなり，ステップを踏んで，さらに次の「体験する（Experience）」へつながると考えられ，それぞれのステップの頭文字を取って，このモデルはEIAHE'モデルと呼ばれているのである。第1ステップの「体験する」は，授業も含めた日常全ての活動において，何かを体験する段階であり，「体験学習」においては，実習そのものが該当する。第2ステップの「指摘する」は，体験したこと，観察したことをふりかえり，ふりかえった内容をデータとして蓄積する段階である。第3ステップの「分析する」は，指摘の段階で集められたデータに基づいて，自分自身がどのような傾向を持っている人間であるか，なぜ，そのようなことが起こったのかというような分析を試み，自分や他者，グループの持っている問題点等を考察する段階である。第4ステップの「仮説化する」は，分析の段階で考察したことを活用して，次の機会または新しい場面で，学習者自身が自分の成長のために具体的に試みてみたい行動を考える段階である。

　「ラボラトリー方式の体験学習」の1つのプログラムは，主として，「実習」体験とその体験をふりかえる「ふりかえり」の2つの活動から構成されている（津村, 2001）。上記の第1ステップが「実習」に当たり，第2ステップから第4ステップが「ふりかえり」に当たる。体験学習では，何を話し合ったか，どんなことをしたかという「コンテント」だけではなく，自分や対人関係の中に，何が起こっているかという「プロセス」を重視している。「プロセス」の理解が人間関係のトレーニングとなると考えられているのである。この「プロセス」を理解するためには，まず，自分が実習の中で感じたこと，他のメンバーを見て感じたこと等を振り返り，その後で，他のメンバーと，振り返りの内容を分かち合う「シェアリング」（または，「わかちあい」）を行うのが通例である。この一連の活動を「ふりかえり」と呼ぶ。山口・楠本（2002）は，「指摘する」,「分析する」,「仮説化する」という学習

のステップを踏むためには,「ふりかえり」の質が重要であり,「実習」だけではなく,「ふりかえり」を行うことによって初めて学習となると述べている。また,津村(2001)は,「ふりかえり」が適切に行われないと,実習は単なるレクレーションゲームのようなもので終わってしまう危険性があることを指摘している。

　先述のように,「ふりかえり」には,個人で実習を振り返る活動と個人の振り返りをメンバー内で共有する「シェアリング」の活動が含まれている。自分一人の気づきだけでなく,共に体験したメンバーの気づきも共有し合うことが偏った視野に陥らないためにとても大切であると津村(2001)は述べている。同じ時空間を共有し,同じ作業をしていても,各個人が体験していることは同じではない。山口・楠本(2002)は,個人の体験の違い,多様性を捉え,尊重できてこそ,相互啓発的な学習が活きてくることを指摘し,違いを認め,どうつながっていけるのかを模索することが肝要になると述べている。以上のように,シェアリングは,他のメンバーの内的な体験を知り,自分とは異なる思いや考えをしていることに気づき,各メンバーの内的な体験を共有する道をとる作業であるということがわかる。したがって,このようなシェアリングは,本論文で述べてきた個別性の認識に基づいた認知的な共感を促進するのに効果的な活動となっていると推測される。

　Gaarder(1999)は,「ラボラトリー方式の体験学習」が,共感性のスキルを自然に学び,実行する場になっていることを指摘している。しかし,体験学習のどのような学習のあり方が共感性を高めることになるのか,どの段階の活動が有効であり,具体的にどのような質の共感性を高めることができるかについては述べていない。そこで,「ラボラトリー方式の体験学習」の学習構造の分析に基づいて,その学習の効果を検討することは,「ラボラトリー方式の体験学習」の学習理論の発展に寄与するものと思われる。

第2節　現職研修における「ラボラトリー方式の体験学習」のコンセンサス課題の実施とその効果測定【研究7】[19]

1　問題と目的

　第1節では,「ラボラトリー方式の体験学習」が, 実習の後の「ふりかえり」の活動, 特に, 個人のふりかえりをメンバーで共有する「シェアリング」の活動が, 本論文で提唱しているところの個別性の認識に基づいた共感を促進する活動になっているという仮説を立てた。そこで, 研究7では,「ラボラトリー方式の体験学習」の中の構成的アプローチ（中村, 2003）である課題型のセッションを現職の教師に実施し, そのセッションの中のシェアリングの活動に, 自他の個別性を認識し, 他者の思いや考えを理解し, 受容する効果があるかどうかを検証する。

　ラボラトリー方式の体験学習の実習で用いられる課題として, 様々なものが開発されてきた。その中で, グループの各メンバーに異なる情報が与えられ, それらの情報をグループ内で総合することによって, 与えられた問題を解決することが求められる（情報紙課題）や, グループで話し合いを行うことにより, メンバーの意見をすりあわせ, グループでの共通意見を作り出す「コンセンサス課題」がよく用いられている。「コンセンサス課題」では, コンテントそのものが, メンバーの意見や気持ちの不一致が起こりやすい状況が設定されたものであるので,「情報紙課題」よりも, 自他の個別性を意識しやすい課題であると考えられる。また, ゲーム的な課題を楽しみながら, 他者の様々な意見を確認し, 最終的に, 合意に至ることを目標としているため, 他者の考え, 思いを受容していくプロセスを自然に踏みやすい課題であると思われる。したがって, 本研究では,「コンセンサス課題」を実施し, 実習のふりかえりにおけるシェアリングの効果を測定することにする。

---

[19]　研究7は, 杉山郁子（グループファシリテーターの会 Seeds 代表）・桐林真紀（グループファシリテーターの会 Seeds 会員）との共同研究である。

構成的なグループアプローチにおいて，その実践や実践報告の多さに比して，実証的な効果測定を行った研究は少ない（楠本，2004）と言われている。そして，楠本（2004）は，効果測定を行うことが学習者の利益にならないという問題があるために，効果測定がこれまであまり実施されてこなかったことを指摘している。そこで，本研究では，研修受講者に負担をかけないよう，また，体験学習のプログラムの流れを損なわないように，付加的な質問紙調査等を行わず，プログラムの中にあらかじめ組み込まれているふりかえり用紙記入という作業によって受講生が書き記した内容を素材にして，研修の効果を検討することにする。

2 方法

(1) 調査対象

A県内の中学校1校に所属する教師29名（男性16名，女性13名）および同じ県内の高等学校1校に所属する教師23名（男性13名，女性10名）を調査の対象とした。

(2) 実施場所および実施時期

上記の中学校と高等学校の会議室で，それぞれ実施された。実施時期は，前者が平成17年12月，後者が平成18年3月であった。

(3) 実施手続き

研修会場では，男女の比率や年齢構成にかたよりが出ないように配慮しながら，来場した参加者順に，着席場所を筆者が割り振っていき，中学校では6グループ，高等学校では4グループを作った。1グループの構成員は，5名から7名であった。研修担当者等の挨拶の後，共同研究者が体験学習の導入のための説明を行い，併せて，実習の最後に配布された用紙1枚のみ，無記名で回収させてもらえるよう，研究協力の呼びかけを行った。

中学校では，本実習実施前に，提示された紙に描かれた図に，三角形がいくつ含まれているかをグループで話し合う小実習「三角形がいくつ」（星

野・津村，2001b）が実施されたが，高等学校では，研修に割り当てられた総時間が中学校よりも30分短かったため，本実習「住宅問題」（星野・津村，2001a）のみを実施した。なお，小実習の課題は，本実習に大きな影響を与えないよう，図形の数を数えるという認知的な課題を選択した。本実習の「住宅問題」は，ある会社の厚生課で，条件の異なる社員の家族を，条件の異なる社宅のどこに入居してもらうかをグループで決定するコンセンサス課題であり，登場人物の設定が比較的明確で，初心者にも取り組みやすい課題であることから選択した。原版が，リーダーシップに着目する課題であったため，本研究では，原版とは異なり，グループのまとめ役をあらかじめ決めず，全員で話し合う設定にし，また，時間の短縮のために，社員の家族の条件をわかりやすい内容に若干変更したものを用意した[20]。教師対象の研修であるが，学校や教育に関する問題であると，「コンテント」である課題の内容に，教師の関心が集中しやすくなり，グループメンバーの気持ちの動き等の「プロセス」に注目しにくくなることが予想されたため，中立的な話題である「住宅問題」を選択した。

　実習のねらいとして，受講者が話し合いの中の「プロセス」や自分の感情に注目できるように，「話し合いをする中で，お互いにどのようなやりとりをし，どのような影響を受けるかに気づく」，「刻々変化する自分の感情をどのように扱い，話し合いの中で生かしていけるかチャレンジしてみる」の2つを提示した。

　実習では，まず，どの家族をどの部屋に入居させるかを個人で考え，個人で決定した後，グループで話し合い，コンセンサスに至った結果を公表した。ここまでは，共同研究者がファシリテーターとして，全ての指示を行った。

　結果公表後，休憩を兼ねつつ，半数のグループは，会場を会議室から同じ

---

[20] 現職研修における配布資料を巻末に添付した。

階にある別室へ移動した。会議室へ残ったグループは，共同研究者の一人がファシリテーターとなり，個人のふりかえり用紙1の記入→シェアリング→ふりかえり用紙2の記入の順で活動し，移動したグループは，もう一方の共同研究者がファシリテーターとなり，ふりかえり用紙1の記入→ふりかえり用紙2の記入→シェアリングの順で活動した。本研究では，シェアリングの処遇の後，ふりかえり用紙2を記入する前者のグループを実験群（以下，シェアリングあり群，または，あり群），シェアリングの処遇のないまま，ふりかえり用紙2を記入する後者のグループを統制群（以下，シェアリングなし群，または，なし群）とみなした。どちらの群でも，ふりかえり用紙2のみを，回答記入直後に，姓名，性別，年齢等一切書かない形で回収した。ファシリテーターの言動が，受講者の学ぶ内容の質を左右することは周知されている（たとえば，中尾・安藤，2002；大塚，2002）。しかし，本研究では，ファシリテーターの技量の高低にかかわらず，シェアリングの活動が，ある程度安定して研修の目的を達成させることを可能にすることを示すために，ファシリテーターは，最小限の指示を行うにとどめ，積極的な介入は行わないようにし，グループのシェアリングは，メンバーが順番に記入用紙に書いたものを読み上げていくという形式的な方法によって行われた。研修の主な流れと所要時間を Figure 5.1に示した。

```
はじめの挨拶   5分
コンセンサス実習の導入   25分
個人の意見の決定   15分
グループでの話し合い   30分
グループでの決定結果の発表   5分
          (会場の移動・休憩10分)

実験群(シェアリングあり群)         統制群(シェアリングなし群)

ふりかえり用紙1記入   15分        ふりかえり用紙1記入   15分
シェアリング(わかちあい) 30分     ふりかえり用紙2記入   15分
ふりかえり用紙2記入   15分        シェアリング(わかちあい) 30分

                    (再合流)
おわりの挨拶   5分
```

Figure 5.1　研修の流れと所要時間

(4) **調査内容**

　本研究の比較調査は，2枚目のふりかえり用紙で行われた。ふりかえり用紙2の質問項目の内容と設定の根拠は以下の通りである。

　まず，実習におけるグループの話し合いの中で，異なる意見がある程度出され，他者の異なる意見を受け入れることができたという，実習がコンセンサスを得る課題として成立していたか否かを確認するために，項目1では「異なる意見がどのくらいありましたか」，項目2では，「異なる意見をどのくらい受け入れることができましたか」を尋ねた。

　項目3では，シェアリングを通して，他者の内的なプロセスを知ることにより，他者に対する気づきが深まったかどうかを確認することを目的とし

て,「メンバーの気持ちにどのくらい気づけましたか」を尋ねた。

　そして,ラボラトリー方式の体験学習において,新しい自己への気づき(self-awareness)が個人を変える力となることを Brazzel (1999) が指摘し,自己概念を豊かにすると,他者を受け入れることができるようになると,星野 (2003) が述べているため,最後の項目4では,「自分自身について新たに気づいたことはありますか」を尋ねた。

　上記の質問項目内容の決定にあたっては,シェアリングを行わないまま,用紙に記入するグループにも,不自然でない質問になるように留意した。各項目では,まず,答えを1「なかった」から6「おおいにあった」,または,1「できなかった」から6「おおいにできた」までの6段階のどれかを選んでもらい,どのような点で,そうだったのかを,具体的に自由に記述してもらう形式とした。

(5) 分析手続き

　回収されたふりかえり用紙2に書かれた内容を全て入力し,自由記述に関しては,紙に印字し,回答ごとに切り離して,1枚ずつのカードを作成した。ここまでの作業は,主として筆者が行った。そのカードを,項目ごとに52枚ずつ並べ,似たもの同士をまとめていくデータ整理法である KJ 法(川喜田, 1967, 1996)を,筆者の仮説を知らされないまま,共同研究者2名が行った。ある程度のカードのまとまりができた際には,カードに表札をつけ,最終的に,項目1では9個,項目2では10個,項目3では8個,項目4では7個のカテゴリーが生成された。その後,筆者も交えた3名で,カテゴリー間の関係や分類基準が話し合われた。

3　結果と考察

(1) コンセンサス実習の成立の確認

　項目1(「異なる意見がどのくらいありましたか」)の6段階の尺度において,処遇(シェアリングあり群・シェアリングなし群)と学校種(中学校・高等学校)

の差があるか否かを確認するために,分散分析を行った結果,主効果,交互作用共に認められなかった(処遇:$F(1,51) = .081, p = .777$;学校種:$F(1,51) = .328, p = .569$;交互作用:$F(1,51) = .003, p = .956$)。全参加者の平均は,4.00(標準偏差1.04)点で,中点の3.5点より高く,全体として異なる意見があったとする評定が多かった。

項目1の自由記述からは,KJ法により9カテゴリーが生成されたが,どの回答も,何らかの異なる意見が出たという点では,共通しており,参加者全員が,異なる意見が出たとみなしていることが示された。

項目2(「異なる意見をどのくらい受け入れることができましたか」)の6段階の尺度において,処遇(シェアリングあり群・シェアリングなし群)と学校種(中学校・高等学校)の差があるか否かを確認するために,分散分析を行った結果,主効果,交互作用共に認められなかった(処遇 $F(1,51) = .016, p = .899$;学校種:$F(1,51) = 1.17, p = .285$;交互作用:$F(1,51) = .102, p = .750$)。全参加者の平均は,4.37(標準偏差1.38)点で,中点の3.5点より高く,全体として異なる意見を受け入れることができたとする評定が多かった。

項目2の自由記述からは,「十分受け入れることができた」,「1つの条件をきっかけとして,受け入れることができた」など10カテゴリーが生成された。しかし,筆者と共同研究者との話し合いの結果,上記のカテゴリーは,①「受け入れることができた」と,②「受け入れることができなかった」または「受け入れる必要がなかった」,③「その他のことに言及している」の3つの上位のカテゴリーに分類された。①に分類された回答は,シェアリングあり群21名,なし群23名,②に分類された回答は,シェアリングあり群3名,なし群3名,③に分類された者は,シェアリングあり群,なし群ともに,1名であり,ほとんどの回答が,①「受け入れることができた」に分類された。

本研究の意図や仮説を知らない社会人(男性,49歳)に,全参加者の回答を,表札に従って分類してもらったところ,①に分類された回答は,シェア

リングあり群21名,なし群24名,②と③に分類された回答は,シェアリングあり群4名,なし群3名であり,ほとんどの回答が①に分類された。

項目1と項目2の回答の分析により,本実習は,参加者が異なる意見が出現したことを認知し,体験の中で,異なる意見を受け入れる作業を行うことができた実習となっており,両群において,話し合いによってコンセンサスに至る実習が成立していたことが,確認された。

(2) **他者理解におけるシェアリングの効果**

項目3(「メンバーの気持ちにどのくらい気づけましたか」)の6段階の尺度において,処遇(シェアリングあり群・シェアリングなし群)と学校種(中学校・高等学校)の差があるか否かを確認するために,分散分析を行った結果,主効果,交互作用共に認められなかった(処遇:$F(1,51) = .015, p = .902$;学校種:$F(1,51) = 2.27, p = .139$;交互作用:$F(1,51) = .004, p = .946$)。シェアリングあり群の方がなし群よりメンバーの気持ちをより深く理解している者が多くなり,平均点も高くなると予想されたが,回答者の量的な自己評定には,その差異が示されなった。全参加者の平均は,4.06(標準偏差1.38)点で,中点の3.5点より高く,全体としてメンバーの気持ちに気づけたとする評定が多かった。

項目3の自由記述から,①「言っていることはわかるが,発言の裏に潜む本当の思いを理解することは難しい」(回答例:「わかっているようなつもりでも,振り返り作業のところで(他の人が)よく考えて,発言していたことがわかり,そこまでは,わからなかった」,「心の中まではわかりにくいが,とりあえず,言葉で言ったものは納得し,受け入れることができた。時間的には短いものなので難しかったが,感情の動き,変化はわかった。他人の意見を聞いて,自分の意見を変える人の感情の動きがわかった」),②「自分の思いを整理し,他の人をより深く理解できた」(回答例:「それぞれが歩み寄れるように話の内容が整理されていくにつれて,『なるほど,なるほど』とメンバーの思いに近づけた思いがした」,「"この人は話し合いを自分から進めようとしている"とか"自分の生活から考えているんだな"とかい

うのが感じられることがあった」),③「他の人を理解できた」(回答例：「同じ意見や違う意見について考え方を聞き,理解することができたと思う」,「意見を聞いて共感できました」),④「個人の違いに気づけた」(回答例：もっと多くの考え方があることに気づきました」,「他の班の意見が違うのにビックリした。新たな観点があると気づいた」),⑤「流れの中でグループをまとめて話し合いをスムーズに進めることを大切にした」(回答例：「自分の考えを具体的に説明した上で,相手の意見を充分聞こうとする気持ちをみんな持っていた。話し合いをしやすい雰囲気作りを感じた」,「気持ちにまであまり思いが及ばなかったが,お互いの言い分を聞き合い,意見をまとめていこうという気持ちはあったと思うし,自分もそういう気持ちで話し合いに参加した」),⑥「参加の度合いが気になった」(回答例：「参加している様子,自分の意見を話す人,話さない人について」,「意見をまとめる役を積極的に行ったが,平等に意見を聞くことができたかどうか不安である」),⑦「人を深く理解するには環境作りが大切である」(回答例：「以前から知っているメンバー同士なので分かりやすいんだと思う。今回この場で会った同士ならば,なかなか難しいのではないかと思う」),⑧「メンバーの気持ちを後回しにした」(回答例：「気持ちという点では,あまり重点をおいて見ていなかったこともあり,よくわかりませんでした」,「そこまで気づく時間はなかったですね。最初に言われた『変化する感情』という点について忘れてしまって,『いかにうまく部屋割りをするか』ということに興味が移ってしまっていました」)の8カテゴリーが生成された。また,項目の問いとかけ離れた回答は,「その他」に分類された。項目3における参加者の反応のKJ法での分類結果をTable 5.1に示した。

　筆者と共同研究者との話し合いの結果,上記のカテゴリーのうち,(1)相手の心のプロセスを理解しているのは,①(「言っていることはわかるが,発言の裏に潜む本当の思いを理解することは難しい」)と②(「自分の思いを整理し,他の人をより深く理解できた」)である,(2)②は理解したこと自体に焦点を当てた回答で,①は後から相手を理解したために,体験の活動の際に理解していなかったことを内省した回答であり,基本的に同レベルの他者理解を示す

第5章 教師の個別性の認識に基づいた共感性を向上させる研修　129

Table 5.1 項目3（「メンバーの気持ちにどのくらい気づけましたか」）における参加者の反応の分類結果

カテゴリー番号	1	2	3	4	5	6	7	8	なし
カテゴリーの表札	言っていることはわかるが、発言の裏に潜む本当の思いを理解することは難しい	自分の思いを整理し、他の人をより深く理解できた	他の人を理解できた	個人の違いに気づけた	流れの中でグループをまとめて話し合いをスムーズに進めることを大切にした	参加の度合いが気になった	人を深く理解するには環境作りが大切である	メンバーの気持ちを後回しにした	その他
具体例	わかっているようなつもりでも、振り返り作業のところで（他の人が多くよく考えて、発言していたことがわかり、そこまでは、わからなかった	それぞれが歩み寄れるように話の内容が整理されていくにつれて、「なるほど」「なるほど」とメンバーに近づけた思いがした	同じ意見や違う意見について考え方を聞き、理解することができたと思う	もっと多くの考え方があることに気づきました	自分の考えを具体的に説明した上で、相手の意見を充分聞こうとする気持ちをみんなが持っていた。話し合いをしやすい雰囲気作りを感じた	意見をまとめる役を積極的に行ったが、平等に意見を聞くことができたかどうか不安である	以前から知っているメンバー同士なのでわかりやすいんだと思う。今回この場で会った同士ならば、なかなか難しいのではないかと思う	気持ちという点では、あまり重点をおいて見ていなかったこともあり、よくわかりませんでした	気づいたことがあっているかどうかはわからないのです
シェアリングあり群	4	5	3	3	4	2	3	0	1
シェアリングなし群	0	1	2	9	8	1	0	6	0

反応である，（3）②（「自分の思いを整理し，他の人をより深く理解できた」）と③（「他の人を理解できた」）の違いは，②が体験学習で唱えるところのプロセスの理解，③がコンテントの理解を示した反応，または，その区別がつかない反応である，（4）⑧（「メンバーの気持ちを後回しにした」）が最も他者理解の低い回答であるという認識に至った。

前述の本研究の仮説を知らない社会人（男性，49歳）に，参加者の回答を再分類してもらったところ，元の分類への再現率は，71%であり，分類の信頼性は充分に高いとはいえなかった。特に，カテゴリー③〜⑦は，何らかの他者への気づきに言及しているが，その内容を正確に元のカテゴリーに分類し直すことが困難であることが示された。しかし，①と②への分類の再現率は100%と，元の分類と完全に一致したため，①と②については，分類の信頼性が高いと判断された。①〜②，③〜⑦と「その他」のカテゴリーをそれぞれ合併し，①と②を「深い他者理解あり」，③〜⑦と「その他」をまとめて，「その他」として，2つの群の度数を用いてχ^2検定を行ったところ，有意であったため（$\chi^2(1)=8.71, p<.01$），引き続き，残差分析を行った（Table 5.2）。その結果，シェアリングあり群では，他者の気持ちを深く理解している者が多く，シェアリングなし群では，他者の気持ちを深く理解している者が少ないことが示された。

Table 5.2 項目3における残差分析結果

		深い他者理解あり	その他
シェアリングあり群	実測値	9▲	16▽
	期待値	4.81	20.19
シェアリングなし群	実測値	1▽	26▲
	期待値	5.19	21.81
	調整された残差	±2.95**	

▲有意に多い，▽有意に少ない，**$p<.01$

(3) 自己理解におけるシェアリングの効果

　項目4（「自分自身について新たに気づいたことはありますか」）の6段階の尺度において，処遇（シェアリングあり群・シェアリングなし群）と学校種（中学校・高等学校）の差があるか否かを確認するために，分散分析を行った結果，主効果，交互作用共に認められなかった（処遇：$F\,(1,51) = .015$, $p = .902$；学校種：$F\,(1,51) = 2.27$, $p = .139$；交互作用：$F\,(1,51) = .004$, $p = .946$）。全参加者の平均は，3.69（標準偏差1.36）点で，中点の3.5点よりは高く，全体として，自分自身について新たに気づいたとする評定が多かったが，4項目の中では，最も低い得点であった。

　項目4では，①「今回の体験から自分自身のありように気づいた」（回答例：「やっぱりよく話す人間であることがわかった」），②「自分を再認識した（内容なし）」（回答例：「変化はなかったが，やっぱりこういう性格だと再認識した」），③「もっと積極的に自分を出していきたい」（回答例：「もう少し積極的に自分を出していきたいと思いました」），④「自分の枠組みに気づき，関心を持っている」（回答例：「自分の年齢のみで物事をとらえている。自分を基準においているため，自身が体験していない分野に関してはあいまい。主観でものごとをとらえている。」），⑤「意見のやりとりの大切さに気づいた」（回答例：「他人の意見を聞くことの大切さ。主観で物事をとらえている。」），⑥「それぞれの役割ややりとりを大切にしてグループの流れを作る」（回答例：「全員が納得できるまで，意見を交わす必要性もあるが，意見をどのようにまとめるかといった意見（冷静な判断ができる意見）も必要である」），⑦「気づいたことは特にない」（回答例：「ほとんどなし（相変わらずの自分）」）の7カテゴリーが生成された。項目4における参加者の反応のKJ法での分類結果をTable 5.3に示した。

　筆者と共同研究者との話し合いの結果，KJ法によって生成された①〜⑥のカテゴリーは，それぞれ，何らかの自己に対する気づきを表しているが，カテゴリー間の気づきの深さのレベルの差異は，判断しにくいとされた。

　前述の社会人（男性，49歳）に，参加者の回答を分類してもらったとこ

Table 5.3 項目4（「自分自身について新たに気づいたことはありますか」）における参加者の反応の分類結果

カテゴリー番号	1	2	3	4	5	6	7
カテゴリーの表札	今回の体験から現在の自分のありように気づいた	自分を再認識した（内容なし）	もっと積極的に自分を出していきたい	自分の枠組みに気づき、関心を持っている	意見のやりとりを大切さに気づいた	それぞれの役割やりとりを大切にしてグループの流れを作る	気づいたことは特にない
具体例	やっぱりよく話す人間であることがわかった	変化はなかったが、やっぱりこういう性格だと再認識した	もう少し積極的に自分を出していきたいと思いました	自分の年齢のみでものごとをとらえている。自分を基準においているため、自身が体験していない分野に関してはあいまい。主観でものごとをとらえている	他人の意見を聞くことの大切さ。自分勝手に物事を決めてはいけない	全員が納得できるまで、意見を交わす必要性もあるが、意見をどのようにまとめるかといった意見（冷静な判断が必要である）	ほとんどなし（相変わらずの自分）
シェアリングあり群	7	2	3	5	3	3	2
シェアリングなし群	12	1	2	3	2	5	2

ろ，元の分類への再現率は，60％であり，分類の信頼性は低いことが示された。特に，①，③，④，⑥は，意味的に重複するところがあり，カテゴリーが独立でないことが窺われた。

仮に，筆者らが設定した各カテゴリーへのシェアリングあり群，なし群の分類傾向を見てみると，群による傾向の差異は見出されなかった。シェアリングを行っても，行わなくても，ほとんどの参加者に自己に対する何らかの気づきがあったことは示唆されたが，気づきの深さに関しては，比較できなかった。また，ふりかえり用紙では，新たに気づいたことを尋ねたが，現在の自己イメージを再認識したという回答が多かった。

4 総合考察

本研究では，ラボラトリー方式の体験学習におけるコンセンサス実習を教師に実施した。そして，グループメンバーの思いをお互いに知り合うシェアリングの作業が，自他の個別性の認識に基づいた共感を高めるという仮説に基づいて，シェアリングの効果を検討した。

まず，コンセンサス実習が，異なる意見が自然に出る実習であり，グループワークを通して，その異なる思いを受容できるしくみになっていることを確認した。しかし，シェアリングを行わなかった場合には，そのメンバーの思いに対する理解は，深いものにはなっていなかった。他方，シェアリングを行った場合には，他者の内的なプロセスをシェアリングにより知ることになり，メンバーの思いに対する理解が深いと判断される者が多く出現し，シェアリングの実施の有無により，認知される他者の思いに質的な差異があることが示唆された。津村（2001）および山口・楠本（2002）が，シェアリングの活動の重要性を唱えているが，本研究によって，シェアリングの効果をある程度実証できたと考えられる。

本研究では，参加者の負担にならないよう，実習の中に用いられるふりかえりシートを利用した効果測定を行った。また，実際の教育場面では，倫理

的な問題により統制群を作りにくい傾向にあるが，本研究では，会場を移動し，処遇の順序を変えることによって，統制群を作り，統制群に割り当てられた参加者の利益を損ねないよう，統制群でも，シェアリングを後から行った。ラボラトリー方式の体験学習については，実践が先行し，研究が後回しになり（中村，2004），効果測定もあまり実施されてこなかった（楠本，2004）ことが指摘されているが，本研究では，上記の工夫により，体験学習におけるシェアリングの処遇の効果測定が有効に行われたと思われる。

5　今後の課題

本研究には，以下の課題が残されている。

まず，項目3や4のカテゴリー分類の信頼性が低かったことが問題として挙げられる。本研究では，一致率100％になったカテゴリーの組み合わせで，上位の分類を行い，その分類による検定を行った。したがって，その他のカテゴリーにまとめられたカテゴリーの質的な差異が研究に反映されていない。特に，項目3のカテゴリー⑧（「メンバーの気持ちを後回しにした」）では，シェアリングあり群では，出現度数0であり，⑧はシェアリングの効果が反映されるカテゴリーであると期待されたが，検定可能な度数には至らなかった。その点では，参加人数の多い実習による効果測定が必要とされるであろう。

次に，本研究では，シェアリングを行った者の方が行わなかった者より，深く他者を理解していると評定される者の割合が高かった。しかし，シェアリングを行った群でも，他者を深く理解しているかどうかの判定が不能とされた「その他」のカテゴリーに分類された者の方が多かった。その原因として，シェアリングあり群・なし群・両群において，不自然な尋ね方にならないよう質問文を漠然とさせすぎたために，シェアリングあり群でも，シェアリングによって得られた他者理解に言及せず，別の時点で抱いた感想を書いた回答が多かったことや，質問文に合わせて回答も漠然としたものとなり，

理解の深さを測定できなかった回答が多かったことが挙げられる。本研究の分析後，平成18年8月に別の中学校で実施した現職研修では，「メンバーとのわかちあいを通して気づいたことを具体的に書いてください」という指示を加えて，回答の内容が拡散しないようにした。全研修に参加した教師11名のうち，項目3（「メンバーの気持ちにどのくらい気づけましたか。」）で，複数評定により「深い他者理解あり」に分類された者6名，「その他」に分類された者5名で，シェアリング後に深い他者理解を示す者が多く，本調査より改善傾向にあった。しかし，短すぎる回答のために，評定不能になった者も，依然として多く出現した。今後は，自由記述で個人の気づきを問うだけではなく，面接調査で，質問を重ねることによって，個人の気づきを吟味していく方法等も採用する必要があると考えられる。

　また，本研究の自己の気づきを問う項目から，自己に対する新たな気づきというより，「いつもどおりの自分がいた」というような既存の自己イメージの再認識をしたと述べる者が多く出現した。しかし，現分類方法では，新たな自分を発見した者と再認識をした者との区別がつかないカテゴリーも多い。そこで，KJ法による探索的なカテゴリー生成の方法ではない方法を，今後，採用すべきであると思われる。そして，現在のシェアリングの方法が，他者理解は促進しても，自己理解は促進しにくい方法となっているのか，それとも，ある程度の年齢にある社会人，あるいは，教員に特徴的な傾向であるのか，他の集団にも同様の研修を試みて，確認する必要がある。

　最後に，本研究では，1回のセッションの中での1回のシェアリングという処遇の効果を測定した。しかし，体験学習では，セッションを同一の日，または，異なる日に重ねて行う場合も多い。したがって，回数を重ねた実習の効果も，当然，検討されるべきであろう。また，本研究では，課題としてコンセンサス課題を選定したが，別の課題による検討も行う必要がある。例えば，情報紙課題でも，シェアリングは行われ，その活動を通して，他者の気持ちを理解する機会を持つことが可能と推測される。さらに，現職研修と

しては，ラボラトリー方式の体験学習のみならず，その他の方法も数多く試みられている。どのような研修が教師に受け入れられやすく，また，どのような効果が得られやすいのか，幅広く検討していくことが望まれる。

第6章　全体的考察—教師の共感研究の成果と課題

第1節　本論文のまとめ

　本論文では，学校教育を担う教師の資質向上を目的として，教師にとって援助的なコミュニケーションを築くための重要な資質と考えられる共感性に着目し，教師の共感性を実際に測定したデータに基づいた分析を行った。

　第1章では，実証的な研究に先立ち，文献研究に基づいて，教師の資質向上を目的とした共感研究の必要性を提唱した。まず，日本の教育関連の審議会で教師の資質向上のための施策が繰り返し提言されてきたが，教師の資質には，人としてと，教育の専門家として求められる資質の2種類があり，両者に共通する資質として共感性が考えられることを論じた。また，教師の資質向上を考える時に，日本の学校教育の中で，長年教育相談を担ってきた教育相談担当教師が，教師の発達のモデルとなりうるという案を提出した。そして，これまでの共感研究を概観し，①現在では，共感の定義が，認知的な側面と情動的な側面の両者を視野に入れたものとなり，測度も多次元的な視点で作られるようになったこと，②最も高度に発達した共感として，他者の視点取得能力が考えられていること，③成人期と青年期の共感の差異を検討する実証的な研究はなされていないが，成人レベルの成熟した共感として個別性の認識に基づいた共感を提唱している学説はあること，④教師の共感を測定した研究はほとんど存在しないことを指摘し，視点取得をベースとした認知的な共感である，個別性の認識に基づいた共感を中心とした教師の共感を実際に測定した研究の必要性を論じた。

　第2章では，教育相談を担当する教師の対人的な反応を測定した。第1節では，教育相談担当教師，相談担当経験のない教師および教員養成系大学生

に，言語刺激を手がかりに，共感不全場面を想起してもらい，半構造化面接により，その体験を語ってもらった。第2節では，相談担当経験のある教師，ない教師および会社の窓口で営業の業務に就く会社員に，話し手の感情を含む陳述に対して，自由記述により，各自の応答を書いてもらった。カテゴリーに対する反応度数の検定により，教育相談担当教師は，一時的な共感不全の状態にあっても，他の群よりも，話し手に対して愛他的な態度を取り，また，相手の愚痴とも受け取れるネガティブな感情を吐露するセリフに対して，相手の感情を受容する応答か親身な質問を書く者が多いことが示された。概して，教育相談を担当する教師は，教育相談担当経験のない教師より，愛他的，受容的な対人的反応を示すことが多いことが明らかにされ，話を聴く経験や研修により，教師がカウンセラー的な態度や行動を身につける可能性があることが示唆された。しかし，教育相談担当経験のない教師であっても，教員養成系大学生より愛他的な態度を取り，また，会社員より受容的な言語応答を行う傾向にあるという結果が得られ，教員養成系大学生や会社員に比して，教師における他者の話を聴く資質の高さが窺われた。

　第3章では，第2章で測定された愛他的な態度および受容的な言語応答の前段階にあると考えられる個人内の反応段階である共感段階を測定し，教師の共感性と対人関係との関連を検討した。第1節では，教師の共感性を測定するリッカート尺度の開発を行い，その信頼性と妥当性の検討を行った。まず，情動的な共感を表す項目と，他者の視点取得能力をベースとし，自他の個別性の認識というメタ認知を包含した共感を表す項目を考案した。そして，「情動的な共感」を表す「ポジティブな情動に対する共感」尺度（例：「相手が楽しそうにしていて，自分まで楽しくなってきてしまった」）と「ネガティブな情動に対する共感」尺度（例：「相手が落ち込んだ様子をしていて，自分まで気分が沈んだ」），「個別性の認識に基づいた共感」を表す「相手を尊重した共感」尺度（例：「自分の見かたはとりあえず置いておいて，相手の気持ちを理解しようとした」）と「相手との相違を意識した共感」尺度（例：「自分には自分の感じ

方があるように，相手には相手の感じ方があるのだなと実感した」）の4下位尺度からなる多次元共感性尺度を作成した。本尺度では，状態共感の頻度の高さを，特性共感の高さ，すなわち，共感性の高さとする本論文の方針を踏まえ，日常における状態共感の体験の多さを共感性の高さとみなしたため，「共感体験尺度」と命名した。既存の共感性尺度との相関分析により，「共感体験尺度」の得点の妥当性が示された。そして，「個別性の認識に基づいた共感」を表す「相手を尊重した共感」と，愛他的行動（ボランティア活動）および愛他的態度（共感不全場面における話し手に対する態度）が関連していることが示された。また，「個別性の認識に基づいた共感」を表すもう一方の尺度である「相手との相違を意識した共感」と他の尺度との相関関係に，教員養成系大学生と現職教師との発達的な差異が示された。すなわち，「相手との相違を意識した共感」を表す尺度項目を，教師が相手の感情を理解する意味合いで捉えていたのに対して，大学生が共感不全の意味合いで捉えている可能性を示唆していた。第2節では，教師の共感性が，学校の対人関係と関連しているか否かを検討した。その結果，①教師―生徒関係とは，個別性の認識に基づいた共感が強く関連していること，②職場の同僚関係とは，情動的な共感が強く関連していること，③20代の青年教師では，「相手との相違を意識した共感」と他の尺度との相関関係に，教員養成系大学生と類似した結果が現れること，④教師の年齢が上昇するにつれて，共感性が教師―生徒関係により強く影響を与えることが明らかにされた。

　第4章では，個人内の共感段階に加え，対人的な反応である言語的な応答段階を視野に入れた検討を行った。第1節では，10項目の自由記述によって集められた教師の言語応答より，KJ法によるカテゴリー生成，多重対応分析によるカテゴリーの数量化という手続きによって，応答様式の3次元（「そっけなさ」，「否定―受容」，「自分中心」）を探索的に見出した。第2節では，教師個人の応答様式3次元の数量化得点および共感体験尺度で測定されたリッカート尺度得点における相談担当経験の有無，性別，学校種（小・

中・高) による差異と，応答様式と共感性との間の関連性を検討した。その結果，①情動的な共感ではなく，個別性の認識に基づいた共感が，教師の受容的な言語応答と関連していること，②情動的な共感体験の量は，女性の方が多いが，個別性の認識に基づいた共感には，性差は現れないこと，③共感尺度では，学校種による差異が見出されず，言語応答では，学校種による差異が大きかったことより，言語応答の方が，社会的な役割に影響されやすいこと，④相談担当経験のある教師の方が，教育相談担当経験のない教師より，受容的な応答を行い，個別性の認識に基づいた他者を尊重する共感を行っていることが示された。

　第5章では，共感の中でも「個別性の認識に基づいた共感」を高めることを目指した，教師対象の研修を実施した。第1節では，「ラボラトリー方式の体験学習」の学習構造を概観し，「ラボラトリー方式の体験学習」の中で，各自の体験の振り返りの内容を，グループ内の他のメンバーと共有するシェアリングの活動が，「個別性の認識に基づいた共感」を促進するという仮説を立てた。第2節では，「ラボラトリー方式の体験学習」の中の課題型の実習であるコンセンサス実習を，中学と高校の現職研修に導入し，実習におけるシェアリングの効果を検討した。まず，コンセンサス実習の活動自体が，自他の個別性を意識し，他者の気持ちを受容する活動となりやすいことが窺われた。そして、シェアリング後にグループメンバーの気持ちへの気づきを記入した実験群と，途中で会場を移動し，シェアリングなしでメンバーの気持ちへの気づきを記入した統制群との間の記述の質的な差異を検討した結果，実験群の方が，深い他者理解をしている者が多いことが示され，シェアリング活動を含むコンセンサス実習が，教師の個別性の認識に基づいた認知的な共感を促進する研修となりうることが実証された。

第2節　本論文から導かれる学校教育への提言

　従来，教師の共感性を実際に測定する試みは，ほとんどなされてきておらず，本論文で教師の共感性を測定したデータは，教師の資質向上を考える際の貴重な基礎資料となると思われる。

　教師の共感性の高さと，学校における良好な対人関係との関連が認められ，教師の共感性が高いことは，概して，学校教育にとって有益であるといえる。

　しかし，本論文では，共感を一括りにせず，共感の多次元的アプローチ（Davis, 1983）を踏襲し，2大アプローチである情動的な共感と認知的な共感の両者を視野に入れつつ，特に，認知的な共感として，人格発達上，成人のレベルの共感（角田，1995）とされる個別性の認識に基づいた共感を設定した。その結果，愛他的な態度や愛他的な行動，受容的な言語応答に関連しているのは，情動的な共感ではなく，個別性の認識に基づいた共感であり，また，生徒との良好な関係にも，情動的な共感よりもむしろ，個別性の認識に基づいた共感が強く影響していることが見出された。数少ない教師の共感研究である Marcus, et al. (1994) や Kli's (1997) では，共感と他の望ましい特性との間の関連を漠然と見出したに過ぎず，具体的にどのような共感を教師が身につければよいかの示唆を与えるものではなかった。しかし，本論文からは，自他の個別性の認識に基づいた共感を促進すべきであることを教師に提唱することができる。世代・立場の異なる児童，生徒との関係においては，自然に相手に共感できない場合も多い。その場合には，「共感体験尺度」の項目に示されているように，相手には相手の感じ方があることを意識し，自分の見方はとりあえず置いて，相手の気持ちを理解しようとすることが肝要である。

　また，情動的な共感得点は，先行研究と同様に，女性の方が高かったため，情動的な反応には，生得的な性差による差異が生じる可能性が高いと考

えられる。しかし，上記の個別性の認識に基づいた共感得点に関しては，性差が認められず，教育相談担当経験のない教師より経験のある教師の方が，得点が高く，経験による差異が認められた。このことは，個別性の認識に基づいた共感は，生得的な差異の影響を受けにくく，むしろ，他者の話を聴く経験や研修の経験によって，向上させることができる可能性の高い共感であることを示唆していると思われる。

　本論文では，教育相談を担当する教師を，一般の教師の発達のモデルとなると仮定し，実際に，教師の内的な共感体験の量，共感不全場面における話し手に対する態度，日常会話で生起しやすい陳述に対する応答を測定し，教育相談担当経験のある教師と経験のない教師とに分けた分析を行った。その結果，教育相談担当経験のある教師の方が，経験のない教師より，相手を尊重した共感体験が多く，共感不全場面においても愛他的な態度を示し，相手のネガティブな感情を吐露するセリフに対しても，相手の感情を受容する応答が多いことが示された。上地（2005）は，学校で教育相談を担当する教師カウンセラーに，大きな期待を寄せているが，本論文により，教育相談担当教師の他者の話を聴く資質の高さが実証された。教師の資質向上を考える際に，何を向上の目安とするかは難しい問題である。臨床心理士を始めとする心理臨床家と教師とでは，担う役割が異なる点も多い。そこで，同じ学校教師である教育相談担当教師のレベルは，教師にとって受け入れやすい，資質向上の1つの目安となりうると推測される。

　上記の共感不全場面における話し手に対する態度および日常会話の陳述に対する言語応答に関しては，教育相談担当経験のある教師と経験のない教師との比較だけではなく，教員養成系大学生，または，営業の業務に就く社会人との比較を行った。教育相談担当経験のない教師であっても，大学生よりも愛他的な態度を取り，社会人よりも受容的な言語応答を行っており，教師の持つ他者の話を聴く資質の高さが窺われた。滝川（2001）は，教師の努力をねぎらわずに，問題が起こるたびに，批判や追求に走る世間の風潮に対し

て警鐘を鳴らしている。上記の教育相談担当教師に限定した場合も同様であるが，教師自身が他者と比較して，その優劣を論じることは，教師に敬遠される手法であると推測される。そこで，教師の立場にない者が行う客観的な研究により，教師の資質の高さを実証していくことは，教師を前向きに支援していく一助となると思われる。

　本論文では，教師の個別性の認識に基づいた共感を向上させる研修として，「ラボラトリー方式の体験学習」の中のコンセンサス課題を導入した試みを紹介した。体験学習の活動の中で，グループの中でお互いの意見を共有するシェアリングの活動が，深い他者理解を促進することが，ある程度実証された。本論文で得られた結果は，教員養成推進プログラム（文部科学省，2005）として，教員養成と現職教員のリカレント教育に，「ラボラトリー方式の体験学習」が有効であるとする考えを，ある程度支持するものであると思われる。また，年齢の高い教師において，個別性の認識に基づいた共感から教師—生徒関係への影響力が高かったという結果から，研修の対象者を初任者等の青年教師に限らずに，年齢の高い教師対象の研修を行うことが有効である可能性が示唆されている。

第3節　今後の課題

　本論文で行われてきた教師の共感研究には，以下の課題が残されていると思われる。

　第1に，本論文で開発された「共感体験尺度」と，近年，開発されたThe Empathy Quotient（Baron-Cohen & Wheelwright, 2004）との関係を検討しなければならないであろう。この尺度でも，探索的に3次元が見出されているが，「共感体験尺度」の4次元との関連を検討する必要がある。また，共感性よりも広い概念であるEmotional Intelligence（たとえば，Bar-On, 1997; Boyatzis, Goleman, & Hay/McBer, 1999）を視野に入れた検討も必要とされ

る。Emotional Intelligence の下位概念として，自己制御や柔軟性等，対人関係に有益に働く特性（または，能力）が存在している。教師には，共感性の高さのみが求められるわけではなく，このような他の特性も重要と考えられる。教師の Emotional Intelligence を測定した研究も出始め（たとえば，Barent, 2005; Mendes, 2003; Walker, 2001; Wu, 2004），今後のさらなる研究が待たれる。

　第2に教育相談担当教師対象の縦断研究が必要と思われる。本論文では，教育相談担当教師と担当経験のない教師との横断的な比較を行ったが，第4章でも指摘したように，校務分掌として，教育相談を担当するか否かは，適性を考慮した人事配置の問題を含み，もともと，教育相談を行うにふさわしいと判断される人格特性を有している教師が担当する可能性も高い。したがって，相談担当経験のない教師との間で見出された差異が，全て，経験によって生じた差異とはみなせないであろう。今後，同一の教師の成長過程を克明に追う縦断的な調査等が期待される。

　第3に，教師の対人的な特徴をさらに明らかにするためには，対人的な援助を専門とする心理臨床家との比較も有効であろう。生徒の事例レポートを読み，その生徒の心理的状態を，教師と心理臨床家に評定させ，その差異を検討した柴田・村田（1998）は，事例の悲哀感，空しさ，自責感等を，臨床家の方が強く感じているという非常に興味深い結果を得ている。しかしながら，この研究では，参加者の性別や年齢が全く記載されていないという問題がある。学校に派遣されるスクールカウンセラーには，圧倒的に若い女性が多く，性別や年齢にかなりの偏りが見られるため，たとえば，教師とスクールカウンセラーとの比較を行うためには，性差や年齢への配慮が要請される。

　第4に，教師の言語応答様式の改変，拡張が望まれる。本研究では，応答様式の3次元を探索的に見出したが，現在の分類基準では，相手の話を自分自身の話題に転換させてしまう「自分中心」の様式の質的な弁別が難しく，

その長所や短所を指摘するには至っていない。また，3種類の応答様式以外にも，山口・芹澤・原野 (1989) が，教師の応答として，「教育援助的応答」を設定しているように，教育に示唆的な応答様式が存在すると考えられる。カウンセリング心理学の中で積み上げられた知見に加えて，他分野におけるコミュニケーションの研究等も参考にして，言語応答様式の研究を発展させていく必要があると思われる。

　第5に，本論文では，Barret-Lennard (1981) の共感サイクルモデルを参考にしているが，「共感的傾聴，共振，理解という内的な過程」，「応答的な理解の相手への伝達」という，第1，第2段階までを扱い，「理解されていることへの相手の感受」という相手が共感を受け取る第3段階の検討を行っていない。応答様式に関しても，児童・生徒の側が，教師の応答をどのように受け取るかに関しては，確認できていない。また，教師—生徒関係の調査に関しても，あくまでも教師の自己評定に基づいた分析であり，児童・生徒にとって，本当に良い関係であるかについては，検討の余地が残されている。山口ら (1989) が，生徒の望む教師の応答様式を質問紙によって調査した結果では，生徒は，教師の「否定的な応答」，「非指示的な応答」より，「指示的な応答」や「教育援助的な応答」を多く求めていた。この研究においても，「否定的な応答」は支持されなかったため，本論文における「否定—受容」次元で，否定の応答傾向の方が，生徒に好まれることはないと推測されるが，例えば，上記のように，「指示的な応答」等，筆者や教師の予想とは異なる応答傾向が，実際の生徒には好まれる場合もありうるであろう。

　第6に，本論文では，対人的なコミュニケーションの場として，相談場面，日常での会話場面を主として扱ったが，教室の授業場面での教師の共感のあり方に焦点を当てた実証的な研究も必要であろう。Aspy (1972) やBerman (2004) は，教師の共感的な授業の進め方について，事例を提示して論じているが，教師の共感性は，児童・生徒の内的な世界の動きを知り，効果的な授業運営をするためにも発揮されるべきものであると思われる。

第 7 に，教師の共感性を向上させる研修の実践と研究は，まだ緒に就いたばかりであり，今後の展開が期待される。本論文では，個別性の認識に基づいた共感という認知的な共感を高めるための研修の導入を試みたが，単一の研修の短期的な効果を測定したに過ぎず，継続した研修の効果や長期的な効果も検討される必要がある。また，情動的な共感が，教師の良好な同僚関係と関連しているという本論文の結果を踏まえると，情動的な共感も，軽視できない共感と考えられる。共感訓練を考えていく際に，どのタイプの共感を促進させようとするものであるのかを明確にする必要があることを，澤田 (1998) が指摘しているが，「ラボラトリー方式の体験学習」は，古くは，「感受性訓練」(田中・諸橋・藤田, 1980) とも呼ばれ，情動的な共感を高めるために有効と考えられる実習も開発されている。「ラボラトリー方式の体験学習」以外では，「フォーカシング」(稲垣, 2002)，「臨床動作法」(川間・堀江・川間, 2001)，「からだとことばのレッスン」(竹内, 1990)，「エンカウンターグループ」(野島, 1993) 等が，情動的な共感を高める研修として有望であると思われる。これらの方法に比して，「ラボラトリー方式の体験学習」が，教員向け現職研修として，優れているか否かは，不明である。今後，これらの様々な方法を視野に入れた，さらなる実践と研究の積み重ねが望まれる。

文　献

足立浩平　2003　対応分析と多重対応分析と同時対応分析　心理学評論, **46**, 547-563.

明田芳久　1999　共感の枠組みと測度―Davis の共感組織モデルと多次元共感性尺度 (IRI-R) の予備的検討―　上智大学心理学年報, **23**, 19-31.

浅川潔司・松岡砂織　1984　共感性に関する発達的研究　兵庫教育大学研究紀要, **3**, 97-105.

浅川潔司・松岡砂織　1987　児童期の共感性に関する発達的研究　教育心理学研究, **35**, 231-240.

Aspy, D.N. 1972 *Toward a technology for humanizing education.* Illinois: Research Press Company.

Aspy, D.N. 1975 Empathy: Let's get the hell with it. *The Counseling Psychologist*, **5**, 10-14.

Astington, J., Harris, P., & Olson, D. 1988 *Developing theories of mind.* New York: Cambridge University Press.

Barent, J. M. 2005 Principals' levels of emotional intelligence as an influence on school culture. *Dissertation Abstracts International Section A: Humanities and Social Sciences.* **66**, 418.

Barret-Lennard, G. T. 1981 The empathy cycle: Refinement of a Nuclear Concept. *Journal of Counseling Psychology,* **28**, 91-100.

Baron-Cohen, S. 1995 *Mindblindness: An essay on autism and theory of mind.* Boston: MIT Press.

Baron-Cohen, S., & Wheelwright, S. 2004 The Empathy Quotient: An investigation of adults with Asperger syndrome or high functioning autism, and normal sex differences. *Journal of Autism and Developmental Disorders,* **34**, 163-175.

Bar-On, R. 1997 *BarOn Emotional Quotient Inventory (EQ-i): Technical manual.* Toronto: Multi-Health Systems.

Bar-On, R.,Brown, J. M., Kircaldy, B. D.,& Thomé E. P. 2000 Emotional expression and implication for occupational stress: An application of the Emotional Quotient

Inventory (EQ-I). *Personality and Individual Differences*, 28, 1107-1118.

Batson, C. D., O'Quin, K., Fults, J., Vanderplas, M., & Isen, A. M. 1981 Influence of self-reported distress and empathy on egoistic versus altruistic motivation to help. *Journal of Personality and Social Psychology*, 45, 706-718.

Benzécri, J. P. 1992 *Correspondence analysis handbook*. New York: Marcel Decker.

Berman, J. 2004 *Empathic teaching: Education for life*. MA: University of Massachusetts press.

Bock, R. D. 1975 *Multivariate Statistical method in behavioral sciences*. McGraw -Hill.

Borke, H. 1971 Interpersonal perception of young children: Egocentrism or empathy? *Developmental Psychology*, 44, 113- 126.

Boyatzis, R. E., Goleman, D., & Hay/McBer. 1999 *Emotional competence inventory*. Boston: HayGroup.

Brazzel, M. 1999 Choosing between change and resistance to change. In A. L. Cooke, M. Brazzel, A. S. Craig, & B. Greig (Eds.) *Reading Book for Human Relations Training (8 th Edition)*. Virginia: NTL Institute for Applied Behavioral Science. Pp.191-192.

Bryant, B. K. 1982 An index of empathy for children and adolescents. *Child Development*, 53, 413-425.

Chandler, M. J. 1975 Relativism and the problem of epistemological loneliness. *Human Development*, 18, 171-180.

Chandler, M. J. 1987 The Othello effect: Essays on the emergence and eclipse of skeptical doubt. *Human Development*, 30, 137-159.

Cliffordson, C. 2001 Parents' judgments and students' self-judgments of empathy: The structure of empathy and agreement of judgments based on the interpersonal reactivity index (IRI). *European Journal of Psychological Assessment*. 17, 36-47.

Conte, J. M. 2005 A review and critique of emotional intelligence measures. *Journal of Organizational Behavior*, 26, 433-440.

Crowne, D. P., & Marlowe, D. 1960 A new scale of social desirability independent of psychopathology. *Journal of Consulting Psychology*, 24, 349-354.

Davis, M. H. 1983 Measuring individual differences in empathy: Evidence for a multidimensional approach. *Journal of Personality and Social Psychology*, 44, 113-126.

Davis, M. H. 1994 *Empathy: A social psychological approach*. Colorado: Westview

Press.
デイヴィス, M.H. 菊池章夫（訳） 1999 共感の社会心理学 川島書店
出口保行・齋藤耕二 1991 共感性の発達的研究 東京学芸大学紀要Ⅰ部門, 42, 119-134.
土居健郎 1977 方法としての面接―臨床家のために 医学書院
堂野恵子・加知ひろ子・中川伸子 1989 保育のための個性化と社会化の発達心理学 北大路書房
Duck, S. & Pittman, G. 1994 Social and personal relationships. In M. L. Knapp, & G. R. Miller (Eds.) *Handbook of interpersonal communication.* CA: Sage, Pp.676-695.
Dymond, R. F. 1949 A scale for the measurement of empathic ability. *Journal of Consulting Psychology,* 13, 3-17.
Eisenberg-Berg, N., & Mussen, P. 1978 Empathy and moral development in adolescents. *Development Psychology,* 14, 185-186.
Eisenberg, N. 2000 Empathy and sympathy. In M. Lewis & J. M. Havilland-Jones (Eds.) *Handbook of emotions (2 nd ed.).* New York: Guilford Press. Pp.677-691.
Eisenberg, N., & Miller, P. 1987 The relations of empathy to prosocial behaviors. *Psychological Bulletin,* 101, 91-119.
Eisenberg, N., Shea, C. L., Carlo, G., & Knight, G. P. 1991 Empathy-related responding and cognition: A "chicken and the egg" dilemma In W. M. Kurtines & J. L. Gewirtz (Eds.) *Handbook of moral behavior and development (Vol. 2).* N.J.: L. Erlbaum, Pp.63-88.
Elms, A. C. 1966 Influence of fantasy ability on attitude change through role playing. *Journal of Personality and Social Psychology,* 4, 36-43.
Erikson, E.H. 1956 The problem of ego identity. *Journal of American Psychoanalytic Association,* 4, 56-121.
Feffer, M. H., & Gourevitch, V. 1960 Cognitive aspects of role-taking in children. *Journal of Personality,* 28, 383-396.
Feshbach, T. J., & Roe, K. 1968 Empathy in six‐and seven-year-olds. *Child Development,* 39, 133-145.
Flabel, J. H., Botkin, P. T., Fry, C. L., Wright, J., & Jarvis P. 1968 *The development of role taking and communication skills in children.* New York: Wiley.
藤本真記子 2000 患者―看護関係における共感プロセスとその影響因子 青森保健

大学研究紀要，2，119-132.

藤岡完治 1997 学校を見直すキーワード―学ぶ・教える・かかわる 鹿毛雅治・奈須正裕（編著） 学ぶこと・教えること 金子書房 Pp.1-24.

Gaarder. R, J. 1999 Empathy: A Powerful skill that can be developed. In A. L. Cooke, M Brazzel, A. S. Craig, & B. Greig (Eds.) *Reading Book for Human Relations Training (8 th Edition)*. Virginia: NTL Institute for Applied Behavioral Science. Pp. 199-203.

Gazda, G. M., Asbuty, F. S., Balzer, F. T., Childers, W. C., & Walters, R. P. 1984 *Human relations development: A manual for educators*. Boston: Allen and Bacon.

Gifi, A. 1990 *Nonlinear multivariate analysis*. Chichester: Wiley.

Goleman, D. 1995 *Emotional Intelligence: Why it can matter more than IQ*. New York: Bantam Books.

Greenacre, M. J. 1984 *Theory and applications of correspondence analysis*. London: Academic Press.

Guttman, L. 1941 The quantification of a class of attributes: A theory and method of scale construction. In the Committee on Social Adjustment (Ed.) *The prediction of personal adjustment*. New York: Social Science Research Council.

原岡一馬 1983 教師論のこころみ 佐賀大学教育学部（編） 黒板を背にするとき 北大路書房，Pp.111-126.

原岡一馬 1990 教師の成長と役割意識に関する研究 名古屋大学教育学部紀要―教育心理学科―，37, 1-22.

橋本秀美 1999 共感性の構造と育成法 岡崎女子短期大学研究紀要，33, 87-93.

橋本 巌 1987 感情理解に伴う「わかりにくさ」とその発達 九州大学教育学部紀要（教育心理学部門），32, 71-80.

橋本 巌 1991 感情の「わかりにくさ」に関する信念と青年の孤独感・共感性の関係 鳴門教育大学研究紀要（教育科学編），6, 173-186.

橋本 巌・角田 豊 1992 感情の「わかりにくさ」に関する信念と青年の孤独感・共感性の関係（Ⅱ） 愛媛大学教育学部紀要，39, 63-74.

Hayashi, C. 1952 On the prediction of phenomena from qualitative data and the quantification of qualitative data from mathematico-statistical point of view. *Annual of the Institute of Mathematical Statistics*, 3, 69-98.

林 民和・大日方重利 1998 学校教育相談における教師カウンセラーの成長過程（第1報） 大阪教育大学実践学校教育研究，2, 1-32.

林　智子・河合優年　2002　看護学生から看護師への共感性の発達（第1報）―共感尺度得点からの検討―　看護研究, 35, 453-460.
Hencleman-Bahn, J. 1999　Experimental Learning Cycle. In A. L. Cooke, M. Brazzel, A. S. Craig, & B. Greig（Eds.）*Reading Book for Human Relations Training（8 th Edition）*. Virginia: NTL Institute for Applied Behavioral Science. Pp.295-299.
Hill, E 1978 Development of a counselor verbal response category system. *Journal of Counseling Psychology*, 25, 461-468.
久富善之　1992　日本の教員文化―その実証的研究（1）―　一橋大学研究年報　社会学研究, 29, 3-67.
Hoffman, M. L. 1975 Altruistic behavior and the parent-child relationship. *Journal of Personality and Social Psychology*. 31, 937-943.
Hoffman, M. L. 1977 Sex differences in empathy and related behaviors. *Psychological Bulletin*, 84, 712-722.
Hoffman, M. L. 1984 Interaction of affect and cognition in empathy. In C. E. Izard, J. Kagan, & R. B. Zajonc（Eds.）*Emotions, cognition, and behavior*. Cambridge: Cambridge University Press.
Hoffman, M. L. 1987 The contribution of empathy to justice and moral judgment. In N. Eisenberg, & J. Strayer（Eds.）*Empathy and its development*. Cambridge: Cambridge University Press. Pp. 47-80.
Hoffman, M. L. 2000 *Empathy and moral development: Implications for caring and justice*. Cambridge: Cambridge University Press.
Hogan, R. 1969 Development of an empathy scale. *Journal of Consulting and Clinical Psychology*, 33, 307-316.
袰岩奈々　2001　感じない子ども　こころを扱えない大人　集英社
星野欣生　2003　人間関係づくりトレーニング　金子書房
星野欣生・津村俊充　2001a　人間関係トレーニング・マニュアル集304住宅問題　プレスタイム社
星野欣生・津村俊充　2001b　人間関係トレーニング・マニュアル集901アイス・ブレーキング　プレスタイム社
Hughes, R., Tingle, B. A., & Sawin, D. 1981 Development of empathic understanding in children. *Child Development*, 52, 122-128.
今井靖親　1974　幼児・児童における共感性の発達　奈良教育大学紀要, 23, 231-239.

今井五郎　1986　個別面談のすすめ方　今井五郎（編著）　学校教育相談の実際　学事出版　Pp.146-170.

今井　裕　2001　わが国における学校カウンセリングの現状と課題　上地安昭（編著）　学校の時間制限カウンセリング　ナカニシヤ出版

稲垣応顕　2002　教育相談活動における感情表出トレーニングの導入に関する事例研究—Gendline, E. のフォーカシングと体験過程論に着目して—　富山大学教育実践総合センター紀要, 3, 63-71.

石隈利紀　1999　学校心理学—教師・スクールカウンセラー・保護者の援助チームによる心理教育的援助サービス—　誠信書房

石丸昌彦　2003　empathy について　桜美林論集, 30, 21-41.

伊藤美奈子　1997a　小・中学校における教育相談係の意識と研修に関する一考察　教育心理学研究, 45, 295-302.

伊藤美奈子　1997b　個人志向性・社会志向性から見た人格形成に関する一考察　北大路書房

Jones, J. E., & Pfeiffer, J. W. 1975 Introduction to the structured experiences section. In J. E. Jones, & J. W. Pfeiffer (Eds.) *The 1977 Annual Handbook for Group Facilitators*. CA: University Associations, Pp.3-5.

梶田叡一　1980　自己意識の心理学　東京大学出版会

角田　豊　1991　共感経験尺度の作成　京都大学教育学部紀要, 37, 248-258.

角田　豊　1994　共感経験尺度改訂版（EESR）の作成と共感性の類型化の試み　教育心理学研究, 42, 193-200.

角田　豊　1995　とらえ直しによる治療者の共感的理解とクライエントの共感性について　心理臨床学研究, 13, 145-156.

神戸美輪子・坂本雅代　2001　Davis の共感組織モデルを用いての検討—臨地実習で学生がとらえた共感性—　看護教育, 42, 392-397.

金井壽宏　2002　働く人のためのキャリアデザイン　PHP 新書

加藤隆勝・高木秀明　1980　青年期における情動的共感性の特質　筑波大学心理学研究, 2, 33-42.

川間健之介・堀江幸治・川間弘子　2001　教員研修としての臨床動作法訓練会の意義　教育実践研究指導センター研究紀要（山口大学教育学部附属教育実践指導センター研究紀要), 12, 185-193.

川喜田二郎　1967　発想法—創造性開発のために　中央公論社

川喜田二郎　1970　続・発想法—KJ 法の展開と応用　中央公論社

川喜田二郎　1996　川喜田二郎著作集5　KJ法―混沌をして語らしめる　中央公論社
河村茂雄　2001　教師の職業生活分析尺度の作成　学校メンタルヘルス, 4, 55-63.
木野和代・鈴木有美・速水敏彦　2000　友人の不快感情調整に関わる要因の検討―女子青年を対象に―　名古屋大学大学院教育発達科学研究科紀要（心理発達科学）, 47, 59-68.
北村俊則・鈴木忠治　1986　日本語版 Social Desirability Scale について　社会精神医学, 9, 173-180.
Kli's, M. J. 1997 The relation of empathy to some dimensions of teachers personality across their professional life. *Polish Psychological Bulletin*, 28, 71-82.
小林志代　2004　ソーシャルワーカーの個人的達成感にみる「共感」と「同情」の違い―「共感性」の発達にスーパーヴィジョンが果たす役割―　臨床心理学研究（東京国際大学大学院臨床心理学研究科紀要）, 2, 65-79.
Köhler, W. 1929 *Gestalt Psychology*. New York: Liveright.
Kolb, D. A. 1984 *Experimental Learning: Experiences as the source of learning and development*. New Jersey: Prentice Hall.
鯨岡　峻　2000　子ども―養育者関係の成り立ちと発達　小嶋秀夫・速水敏彦・本城秀次（編著）　人間発達と心理学　金子書房　Pp.229-243.
Kurdek, L. A., & Rodgon, M. M. 1975 Perceptual, cognitive, and affective perspective taking in kindergarten through sixth-grade children. *Developmental Psychology*, 11, 643-650.
楠本和彦　2004　学校教育における予防・開発的アプローチ―グループアプローチを中心に―　人間関係研究, 3, 101-123.
Lawrence, E. J., Shaw, P., Baker, D., Baron-Cohen, S., & David, A. S. 2004 Measuring empathy: Reliability and validity of the Empathy Quotient. *Psychological Medeicine*, 34, 911-924.
Lester, P.E. 1987 Development and factor analysis of the teacher job satisfaction questionnaire (TJSQ). *Educational and Psychological Measurement*, 47, 223-233.
Loftus, S. T., & Glenwick, D. S. 2001 Machiavellianism and empathy in an adolescent residential psychiatric population. *Residential Treatment for Children & Youth*, 19, 39-57.
Marcus, S., Neacsu, G., Gerghinescu, R., & Săucan, D. 1994 The relationship between empathy and helping orientation in the teachers' competence structure. *Revue*

Roumaine de Psychologie, 38, 95-104.

Maslow, M. H. 1954 *Motivation and personality*. New York: Harper & Row.
（マズロー，A. H. 小口忠彦（監訳） 1972　人間性の心理学　産業能率短期大学出版部）

Mayer, J. D., Caruso, D. R., & Salovey, P. 2000 Selecting a measure of emotional intelligence: The case for ability scales. In R. Bar-On, & J. D. A. Parker (Eds.) *The handbook of emotional intelligence: Theory, development, assessment, and application at home, school, and in the workplace*. California: Jossey-Bass. Pp.320-342.

Mayer, J. D., Salovey, P., & Caruso, D. R 2000 Emotional intelligence. In R. J. Sternberg (Eds.) Handbook of intelligence (2 nd ed.). New York: Cambridge University Press. Pp.396-421.

McWilliams, N. 1994 *Psychoanalytic diagnoses: Understanding personality structure in the clinical process*. New York: Guilford Press.

Mead, G. H. 1934 *Mind, self, and society*. Chicago: University of Chicago press.

Meherabian, A., & Epstein, N. 1972 A measure of emotional empathy. *Journal of Personality*, 40, 525-543.

Mendes, E. J. 2003 The relationship between emotional intelligence and occupational burnout in secondary school teachers. *Dissertation Abstracts International Section A: Humanities and Social Sciences*. 63, 4951.

文部科学省（編）2005　平成17年度「大学・大学院における教員養成推進プログラム」審査結果について（報告）
〈http://www.mext.go.jp/a_menu/koutou/kaikaku/kekka/05083001/001.htm〉

村山正治　1998　臨床心理士によるスクールカウンセリング　氏原　寛・村山正治（編著）　今なぜスクールカウンセラーなのか　ミネルヴァ書房　Pp.1-44.

村上　隆　2006　基準化重み行列の直交回転による主成分の斜交プロクラステス回転とその拡張　日本行動計量学会34回大会発表論文抄録集，304-305.

長坂正文　2006　不登校への訪問面接の構造に関する検討　心理臨床学研究，23, 660-670.

中尾陽子・安藤順子　2002　ファシリテーターのコメントが学生に与える影響　名古屋聖霊女子短期大学紀要，23, 1-24.

中村和彦　2003　体験学習を用いた人間関係論の授業が学習者の対人関係能力に及ぼす効果について―社会的スキル・対人不安などへの効果および学習スタイルと効果との関連―　アカデミア（南山大学紀要　人文社会科学編），76, 103-141.

中村和彦　2004　EIAHE'モデルの体験学習機能尺度作成の試み　アカデミア（南山大学紀要　人文社会科学編），**79**，87-121.

仲島陽一　2001　ヒュームとスミスにおける〈共感〉の問題　国際地域学研究，**4**，151-158.

難波文江・國方弘子　2002　看護学生の共感の特徴と共感に影響する要因の検討　看護教育，**33**，186-188.

成田善弘　1999　共感と解釈―患者と治療者の共通体験の探索　成田善弘・氏原　寛（編）共感と解釈　人文書院　Pp.11-30.

奈須正裕　2004　コメント：7つの個性的な「応え」との対話　心理学評論，**47**，383-392.

二宮克美　2005　日本における向社会的行動研究の現状―この20年間の歩みと課題―　東海心理学研究，**1**，45-54.

西田裕紀子　2000　成人女性の多様なライフスタイルと心理的well-beingに関する研究　教育心理学研究，**48**，433-443.

新田和子　2003　「共感」概念についての検討　高知女子大学紀要（看護学部編），**53**，33-43.

野島一彦　1993　教師の研修エンカウンターグループ事例（教師教育カリキュラムの総合的研究）　福岡大学総合研究所報，**153**，49-83.

落合良行　1974　現代青年における孤独感の構造（Ⅰ）　教育心理学研究，**22**，162-170.

落合良行　1983a　現代青年における孤独感の構造（Ⅱ）―その発達変化の検討を中心にして―　教育心理学研究，**31**，189-203.

落合良行　1983b　孤独感の類型別判別尺度（LSO）の作成　教育心理学研究，**31**，332-336.

落合良行・佐藤有耕　1996　青年期における友達とのつきあい方の発達的変化　教育心理学研究，**44**，55-65.

岡　直樹　1990　第4章　質的データの検定法（森　敏昭・吉田寿夫　編著）　心理学のためのデータ解析テクニカルブック　北大路書房　Pp.176-203.

岡崎　勝　2002　「プロ」の教師とは何か？　赤田圭亮・岡崎　勝（編）やさしい教師学入門　日本評論社　Pp.114-117.

大平　健　1995　やさしさの精神病理　岩波新書

大野精一　1987　相談係の行う教育相談　今井五郎（編著）　学校教育相談の実際　学事出版　Pp.50-79.

大野精一　1997a　日本型スクールカウンセラーの在り方―学校教育相談の立場から― 教育心理学年報, 36, 46.

大野精一　1997b　学校教育相談とは何か　カウンセリング研究, 30, 160-179.

大塚弥生　2002　体験学習におけるファシリテーターの介入について―介入の意図と実際の報告―　名古屋聖霊女子短期大学紀要, 23, 11-29.

Ornstein, P. H. 1978 *The search for the self: Selected writings of Heinz Kohut.* Madison: International Universities Press.

Palmer, A. B. 1981 Learning cycles: Models of behavioral change. In J. E. Jones, & M. Sashkin (Eds.) *The 1981Annual Handbook for Group Facilitators.* CA:Pfeiffer & Company. Pp.147-154.

Petrides, K. V. & Furnhum, A. 2001 Trait emotional intelligence: psychometric investigation with reference to established trait taxonomies. *European Journal of Personality,* 15, 425-448.

Rogers, C. R. 1957 The necessary and sufficient conditions of the therapeutic personality change. *Journal of Consulting Psychology,* 21, 95-103.

Rogers, C. R. 1975 Empathic: An unappreciated way of being. *The Counseling Psychologist,* 5, 2-10.

Rosenberg, B. B. 1970 Children's social sensitivity and the relationship to interpersonal competence, intrapersonal comfort, and intellectual level. *Developmental Psychology,* 2, 335-350.

桜井茂男　1986　児童における共感と向社会的行動の関係　教育心理学研究, 34, 342-346.

澤田瑞也　1998　カウンセリングと共感　世界思想社

澤田瑞也・齊藤誠一　1996　共感性の多次元尺度作成の試み（1）　日本教育心理学会第37回総会発表論文集, 71.

澤田瑞也・齊藤誠一　1997　共感性の多次元尺度作成の試み（2）　日本教育心理学会第38回総会発表論文集, 68.

Selman, R. L., & Byrne, D. F. 1974 A structural developmental analysis of levels of role taking in middle childhood. *Child Development,* 45, 803-806.

Sharpley, C. S., Fairnie, E., Tabaly-Collins, E., Bates, R., & Lee, P. 2000 The use of counselor verbal response modes and client-perceived rapport. *Counseling Psychology Quarterly,* 13, 99-116.

柴田雄企・村田豊久　1998　生徒の心的状態把握における教師と心理臨床家との差異

について 九州大学教育学部紀要(教育心理学部門), 43, 237-243.
首藤敏元 1994 幼児・児童の愛他行動を規定する共感と感情予期の役割 風間書房
Smith, A. 1759/1976 *The theory of moral sentiments*. Oxford: Clarendon Press.
Stiles, W.B. 1986 Development of a taxonomy of verbal response modes. In Greenberg, L.S. & Pinsof, W.M.(Eds.) *The psychotherapeutic process: A research handbook*, New York: Guilford Press. Pp.161-199.
Stotland, E. 1969 Exploratory investigations of empathy. In L. Berkowitz (Ed.) *Advances in experimental social psychology*(Vol. 4). New York: Academic Press. Pp. 271-314.
管 佐和子 1999 共感の大切さとむずかしさ 成田善弘・氏原 寛(編) 共感と解釈 人文書院 Pp.161-177.
鈴木有美・木野和代・出口智子・遠山孝司・出口拓彦・伊田勝憲・大谷福子・谷口ゆき・野田勝子 2000 多次元共感性尺度作成の試み 名古屋大学大学院教育発達科学研究科紀要(心理学), 47, 269-279.
田形修一 2001 「受容・共感」大切なのはわかっちゃいるけど……―受容・共感に徹しきれない先生たちへ― 月刊生徒指導, 31, 21-24.
竹内敏晴 1990 「からだ」と「ことば」のレッスン 講談社
滝川一廣 2001 教師のこころ こころの科学, 98, 18-27.
高林悟子 2002 心を解きほぐす対話作り 心を育てる学級経営, 212, 13-14.
玉瀬耕治・西川知子 1992 相談文への応答様式の評定および聴き手の応答の意図 奈良教育大学教育研究所紀要, 28, 61-73.
玉瀬耕治・中前一志・光武健介 1994 悩みの相談文に対する高校生, 大学生, および高校教師の応答様式の比較 奈良教育大学教育研究所紀要, 30, 107-118.
田中弘子・諸橋 孝・藤田悠紀子 1980 体験学習としての感受性訓練 新潟大学教育学部長岡分校, 26, 17-26.
田中 敏 1996 実践心理データ解析 新曜社
Taylor, J.B. 1961 What do attitude scales measure: The problem of social desirability. *Journal of Abnormal and Social Psychology*, 62, 386-390.
Tichener, E. 1909 *Elementary psychology of the thought processes*. New York: Macmillan.
登張真稲 2000 多次元的視点に基づく共感性研究の展望 性格心理学研究, 9, 36-51.
登張真稲 2003 青年期の共感性の発達―多次元的視点による検討― 発達心理学研

究, 14, 136-148.

Truax, C. B., & Carkhuff, R. R. 1967 *Toward effective counseling and psychotherapy: Training and practice.* Chicago: Aldine Publishing Company.
（トルァックス，C.B.・カーカフ，R.R.　西園寺二郎（訳）　1973　有効なカウンセリング（上）：その実施と訓練　岩崎学術出版社）

津村俊充　2001　学校教育にラボラトリー・メソッドによる体験学習を導入するための基本的な理論と実際　体験学習実践研究，1, 1-10.

内田伸子　1997　会話行動に見られる性差　井出祥子（編）女性語の世界　明治書院　Pp.74-93.

上地安昭　1990　学校教師のカウンセリング基本訓練　北大路書房

上地安昭　2005　教師カウンセラー　金子書房

植田千秋　2003　「共感」の概念をどう教えるか（3）―共感と同感―　和歌山大学教育学部教育実践総合センター紀要，13, 57-62.

和井田節子　2005　教育相談係どう動きどう楽しむか　ほんの森出版

Walker, A. E. 2001 Emotional intelligence of the classroom teacher. *Dissertation Abstracts International Section A: Humanities and Social Sciences.* 61, 4293.

Weils, D. J., Davis, R. V., & England, G. W. 1967 Manual for the Minnesota Satisfaction Questionnaire. *Minnesota Studies in Vocational Rehabilitation,* 22, 120.

Wellman, H. 1990 *Children's theory of mind.* Bradford: MIT Press.

West, C. & Zimmerman, D. H. 1977 Women's place in everyday talk: Reflection on parent-child interaction. *Social Problems,* 24, 521-529.

Whiten, A. 1991 *Natural theories of mind.* Oxford: Basil Blackwell.

WHO編（川畑徹朗　訳）　1997　WHOライフスキル教育プログラム　大修館書店

Wiehe, V. R. 2003 Empathy and narcissism in a sample of child abuse perpetrators and a comparison sample of foster parents. *Child Abuse & Neglect,* 27, 541-555.

Wispé, L. 1987 History of the concept of empathy. In N. Eisenberg & J. Strayer (Eds.) *Empathy and its development.* Cambridge: Cambridge University Press. Pp.17-37.

Wu, S. M. 2004 Developmental and application of a beief measure of emotional intelligence for vocational high school teachers. *Psychological Reports,* 95, 1207-1218.

山本智也　2005　非行臨床から家庭教育支援へ―ラボラトリー・メソッドを活用した方法論的研究　ナカニシヤ出版

山口真人・楠本和彦　2002　学校教育への人間関係トレーニングの応用―人間性教育・教科教育・学校活動・教師の共同・学校カウンセリング―　人間関係研究，2，31-82.

山口正二・芹澤智江子・原野広太郎　1989　相談場面における生徒の望む応答様式―生徒の性格類型とカウンセリング様式の視点より―　カウンセリング研究，21，109-118.

山口正二・中島　剛・山本勝也・原野広太郎　1992　学校カウンセリング場面における教師の応答様式に関する研究　カウンセリング研究，25，19-30.

山崎準一　2002　教師のライフコース研究　創風社

柳井晴夫　1994　行動計量学シリーズ8多変量解析法―理論と応用―　朝倉書店

吉本二郎　1986　教師の資質とは何か　日本教育経営学会紀要，28，2-11.

謝　辞

　本論文を提出するにあたりまして，ご多忙にもかかわらず，新しい指導教員をお引き受けくださいました森田美弥子先生に，厚く御礼申し上げます。森田先生には，学部編入1年めにおける第5実験演習を担当していただいたため，このたびは，原点に戻るような気持ちがしております。

　また，卒業論文作成時から今日まで，6年半に渡り，指導教員を務め，良き理解者であり，良き導き手であり続けてくださいました村上隆先生に，深く感謝いたします。のびのびとした師弟関係の歴史を刻めたことに加えて，村上先生の名古屋大学でのご勤務の最後に，このように，総括となる論文を提出できたことをうれしく思っております。

　そして，研究論文指導におきまして，有益なご示唆をくださいました速水敏彦先生，研究遂行上の有益なアドバイスをくださいました村上指導会のメンバーの皆様，また，院生室の中で，暖かくご支援くださいました青木直子さんに，感謝申し上げます。

　文献収集に際しては，名古屋大学教育発達科学図書室の皆様の多大なご協力を賜りました。ここに記して感謝いたします。

　本論文に収録された研究では，のべ100校を超える学校に在籍する多数の先生方のご協力を賜りました。特に，学校と著者との仲介役をお引き受け下さいました先生方のご尽力なくしては，どの調査も実現には至りませんでした。先生方のご協力を無駄にせず，何とか形にしていこうという思いこそが，1つ1つの論文執筆の推進力となりました。本論文に関係する全ての研究参加者の皆様に，ここに記して感謝いたします。ありがとうございました。

鈴木郁子

あとがきに代えて

　本書は，名古屋大学大学院教育発達科学研究科博士課程後期課程の学生であった鈴木郁子氏が同研究科に提出し，2007年3月に博士（心理学）の学位を授与された論文「学校教師の共感性に関する研究」を，ほぼそのまま刊行したものである。この論文の著者（以下，鈴木さんと呼ばせてもらう）が，この学位論文を何らかの形で出版しようとしたかどうかについては，明らかでないが，彼女の不慮の死（2013年5月）によって，その可能性は絶たれていた。

　鈴木さんのご遺族からは，遺稿集の刊行を要請されていたのであるが，鈴木さんの広い関心分野全体にわたって，硬軟さまざまなスタイルで書かれた論考を，1つの統一体にまとめ上げるのは，非力の私にはとうてい不可能であった。やはり，鈴木さん本人がこの形でまとめた上で提出した学位論文の出版が，学界への貢献としても最も意義深いということで，ご納得をいただいた次第である。学位論文提出時の指導教員は，本人の謝辞にもあるように，森田美弥子教授であったが，指導教員としてのかかわりの長かった私が出版に携わらせていただくことになった。

　本書の内容を極度に凝縮して言えば，共感性という心理学的特性について，教師が（他の成人のグループと比較して）どれだけ高いかを複数の方法で実証した研究（2～4章），ならびに，教師の共感性を高めるための方法を開発する試み（5章）ということになる。

　共感性が，学習指導においても，日本の教師に特に強く期待されている生活指導においても，必要不可欠な特性であることは言うまでもない。しかしながら，共感が，単なる感情的な「巻き込まれ」にとどまるのであれば，それはしばしば共感する側の「個人的苦悩」にとどまり，相手に対する配慮や

援助にはつながらないことが，最近の実証研究によって示されている。

　鈴木さんは，自身の教師経験にもとづいてであろうが，その点には十分に気づいていた。そのためにまず，情動にもとづく共感性と認知にもとづく共感性を，先行研究を参考にしながら区別し，後者の重要性を強調している。また，認知的共感性の基礎となる視点取得（相手の立場に立って物事をみること）を取り上げるとともに，さらに，個別性の認識，すなわち，外面的に同じ経験であっても，自分とは異なる感情，見解をもつ人が存在するという認識の上に立った，まさに認知的な共感性の個人差を測定する方法を開発している。このことは，相手の状況に，単純に自分自身の体験を重ね合わせることによって相手の気持ちを推測し，共感した気になるといった，いわば独りよがりの共感性を超えた教師としてのあるべき資質を明確にしたものと見ることができよう。

　確かに，自らの職業的な経験を通じて，上記のような認識に到達する教師は決して少なくないし，最近では，ブログ等によるそうした情報発信がしばしば見られるようになった。しかし，本書がそうした「評論」や「随筆」をはるかに上回る価値を有する理由は，実際の教師を対象者として実施された複数の調査によって得られた，大量のデータにもとづく知見が，そうした「実感」の裏づけとなっているからである。これについては第6章におけるご本人のまとめをお読みいただくのがよいであろう。

　それにしても，この現役教師を対象とした大量データの収集ということが，どれほど大変な仕事であったかは，いくら強調してもしすぎることはない。鈴木さんは，教師時代からの人脈や，接した人の多くをたちまち協力者にしてしまう稀有な才能によって，教師のみならず，教師以外の社会人のデータを得ることにも成功している。鈴木さんが学校あてに書いた調査依頼文を垣間見たことがあるが，そこには研究目的と意義が箇条書きにされ，その中に「（これは）教師を貶める研究ではありません」という一文があったことを鮮明に思い出すのである。

本書が執筆されてから10年以上が経過しており，共感性に関する理論や，心理測定の方法論のその後の進歩は著しいが，それらが本書に反映されていない点はやむをえない。また，特に言語反応のデータに関しては，（鈴木さん自身も問題点として挙げているように）素データのカテゴリー化の仕方を変えることによって，より有用な知識を生み出し得る可能性もあった。さらに，鈴木さん自身が生涯をかけて取り組みたかったと思われる教師教育の一環としての共感性のトレーニングについては，ここにはまさにその出発点がしるされたにすぎない。残された問題の解決とさらなる発展とは，後に続く研究者，実践家たちの手にゆだねられたわけであるが，Google scholar などで検索してみても，鈴木さんの路線を引き継ぐような学術研究は，今のところほとんど現れていないようである。現在のわが国の学術政策の中では，こうした研究がますます難しくなっているのも事実であろうが，やはり鈴木さんに匹敵する強力なモチベーションとエネルギーで局面を切り開いていくような人材は稀だといわざるを得ない。

　本書の刊行にこぎつけるまでに，3年を越える時間を要してしまったのは，私の責任である。印刷された学位論文を収めたフロッピーディスクが，自宅からも印刷所からも見つからず，結局，入力作業から全面的にやり直さざるを得なかった。特に，膨大な表の校正には多くの労力と時間を要することになった。本文の校正には金子美穂氏，表に関しては豊田市障がい者総合支援センター けやきワークスの各位に多大なご援助をいただいた。記して謝辞とさせていただく。出版をお引き受けいただいた上で，多くの手続きや業務をお願いし，さらに遅々として進まない校正作業をお待ちいただいた，風間書房の風間敬子社長には，お礼とお詫びを申し上げたい。この仕事をお任せいただいた，ご遺族の方々にも出版の遅れをお詫びしなければならない。

　最後に，鈴木郁子さんのご冥福を心からお祈りいたします。

　　　　　　　　　　　　　　名古屋大学名誉教授（もと指導教員）　村上　隆

付　録

Appendix 1 EESR（角田,1994）におけるプロマックス回転後の負荷量，平均値および標準偏差（教員養成系大学生，N=510）

	1	2	共通性	M	SD
〈共有経験尺度〉					
1 腹を立てている人の気持ちを感じとろうとし，自分もその人の怒りを経験したことがある	.01	.55	.30	3.47	1.13
2 悲しんでいる人の気持ちを感じとろうとして，自分もその人の悲しさを経験したことがある	-.01	.60	.36	3.77	1.02
3 何かに苦しんでいる相手の気持ちを感じとろうとし，自分も同じような気持ちになったことがある	-.01	.68	.47	3.66	.96
4 不快な気分でいる相手からその内容を聞いて，その人の気持ちを感じとったことがある	.09	.61	.35	3.91	.85
5 相手が何かを恐がっているときに，そのひとの体験している怖さを感じとったことがある	.07	.60	.35	3.29	1.04
6 相手があることに驚いたと語るとき，その人の驚きを自分も感じとったことがある	.06	.63	.38	3.57	.94
7 相手が何かを期待しているときに，そのわくわくした気持ちを感じとったことがある	-.05	.65	.44	3.69	.93
8 相手が楽しい気分になっている場合に，その楽しさを感じとろうとし，その人の気持ちを味わったことがある	-.07	.66	.46	3.85	.92
9 相手が「こんなことがあって，とてもびっくりした」と話すのを聞いて，その人の気持ちを感じとろうとし，自分も驚いた気持ちになったことがある	-.04	.64	.43	3.57	.93
10 相手が喜んでいるときに，その気持ちを感じとって，一緒にうれしい気持ちになったことがある	-.01	.65	.43	4.12	.78
〈共有不全経験尺度〉					
11 相手が何かに腹を立てていても，自分はその怒りがぴんとこなかったことがある	.70	.07	.47	3.58	.95
12 悲しんでいる相手といても，自分はその人のように悲しくならなかったことがある	.68	-.11	.51	3.23	.98
13 相手が何かに苦しんでいても，自分はその人のように苦しくならなかったことがある	.74	-.06	.57	3.36	.94
14 不快な気分でいる相手からその内容を聞いても，自分は同じように不快にならなかったことがある	.72	.04	.50	3.32	.98
15 相手が何かを恐がっていても，自分はそのひとの怖さを感じなかったことがある	.59	-.04	.37	3.45	.92
16 相手があることに驚いたと語っても，どうしてそんなに驚くのかわからなかったことがある	.72	.04	.50	3.60	.91
17 相手が何かを期待していても，同じようにわくわくしなかったことがある	.81	.01	.64	3.43	.93
18 相手が楽しい気分でいても，自分はその人のように楽しく感じなかったことがある	.81	.06	.63	3.36	1.01
19 相手が「こんなことがあって，とてもびっくりした」と話すのを聞いても，自分は驚いた気持ちにならなかったことがある	.78	.03	.59	3.49	.91
20 相手が何かに喜んでいても，自分はうれしい気持ちにならなかったことがある	.76	-.03	.59	3.23	1.01

因子間相関

	1	2
1	1.00	-.26
2	-.26	1.00

Appendix 2　対人的反応性指標（Davis,1994）におけるプロマックス回転後の因子負荷量，平均値および標準偏差（大学生，N=510）

	1	2	3	4	共通性	M	SD
〈ファンタジー〉							
1 自分に起こることについて繰り返し，夢見たり想像したりする（削除）	.15	.25	.01	.17	.14	3.76	1.12
5 小説の登場人物の感情に本当にのめり込んでしまう	.80	.03	-.04	-.03	.64	3.42	1.19
7 映画や演劇を見ても大体客観的な態度でおれて，完全にのめりこんでしまうことは少ない*	.69	-.08	.16	-.12	.51	3.42	1.11
12 良い本や映画に完全にのめり込んでしまうことはきわめてまれである*	.70	-.05	.19	-.16	.56	3.39	1.18
16 演劇や映画を見た後には，自分がその登場人物の一人だったらと感じる	.68	.11	-.12	.12	.52	3.56	1.15
23 良い映画を見たときには，すぐに主人公の立場に身を置くことができる	.80	-.09	-.12	.09	.62	3.22	1.10
26 面白い物語や小説を読んだ際には話の中の出来事がもしも自分に起きたらと想像する	.66	.06	-.03	.03	.46	3.81	1.08
〈視点取得〉							
3 「他人の」立場から物事を考えるのがむずかしいと思うことがある*（削除）	.09	-.41	.06	.12	.18	2.19	1.06
8 物事を決めるには，みんなの反対意見をよく聞いてからにしようとする	-.13	.13	.13	.61	.42	3.50	1.04
11 友だちのすることを理解しようとするときには，向こうから見るとどう見えるのかを想像することがある	-.03	.15	.06	.58	.37	3.62	1.05
15 自分が正しいと確信している場合には，他人の意見を聞くのに時間を使ったりしない*	-.08	.09	.24	.26	.15	3.33	1.12
21 どんな問題にも2つの面があるから，その両方を見るようにつとめている	.07	-.22	-.07	.68	.51	3.39	1.03
25 相手に腹を立てているときでも，しばらくは「相手の立場に立とう」とすることが多い	.01	-.06	-.11	.76	.56	2.91	1.09
28 相手を批判する前に，自分が相手の立場だったらどう感じるかを想像してみようとする	.05	-.03	.00	.68	.48	3.17	1.04
〈共感的配慮〉							
2 自分より不幸な人々について，やさしさや配慮の感情を持つことが多い	-.08	-.02	.51	.19	.32	3.72	.86
4 他の人々が問題をかかえていても，気の毒に思うことはあまりない*	-.05	-.12	.71	-.09	.49	3.76	.87
9 相手につけ込まれている人を見たときには，その人を守ってあげようという気になる	.06	.00	.48	.26	.35	3.66	.92
14 他の人々の不幸が気になることはほとんどない*	.03	.07	.75	-.05	.57	3.93	.88
18 公正でない扱いをされている人を見ても，かわいそうに思うことは少ない*	.04	.03	.53	-.07	.28	4.00	.84
20 たまたま出会った出来事によって気持ちを動かされることが多い（削除）	.12	.39	.12	.07	.22	3.79	.87
22 自分はやさしい気持ちの人間だと思っている	.03	-.25	.29	.11	.17	3.24	1.04
〈個人的苦痛〉							
6 緊急の事故などに出会うと，気になって，落ち着いておれない	.10	.60	.07	.01	.40	3.75	1.03
10 気持ちが落ち着かない場面に出会った際には，ひとりぼっちだと感じることがある	-.10	.53	.00	.12	.28	3.45	1.13
13 誰かが傷ついているのを見ても，平気でいられる*（削除）	.01	.04	.79	-.05	.62	3.94	.88
17 気持ちが極端に落ち着かなくなる場面に出会うと，恐ろしくなる	.11	.61	-.04	.09	.42	3.21	1.12
19 突発の出来事を処理するのが，いつも上手である*	-.10	.59	.14	-.17	.38	3.44	1.06
24 突発の事故に出会うと，自分をおさえることができなくなりがちである	.11	.71	-.08	-.05	.54	3.13	1.08
27 事故にあって助けを求めている人に出会ったら，どうしたらよいかわからなくなる	-.13	.61	-.12	.02	.38	3.06	1.04

因子間相関

	1	2	3	4
1	1.00	.20	.19	.12
2	.20	1.00	.03	.01
3	.19	.03	1.00	.17
4	.12	.01	.17	1.00

調査質問紙 1

＊まず，性別・年齢だけお答えください　（必ず，ご記入ください）

性別（男　・　女）　　年齢（　　　　　）歳

1．以下のような経験をどの程度したことがありますか。よく経験したことがあると思う場合には「よくあてはまる」を選ぶなど，それぞれ，「よくあてはまる」～「全くあてはまらない」のどれか1つに○をつけてください。

	よくあてはまる	ややあてはまる	どちらでもない	ややあてはまらない	全くあてはまらない
1　腹を立てている人の気持ちを感じとろうとし，自分もその人の怒りを経験したことがある。………………	5	4	3	2	1
2　悲しんでいる人の気持ちを感じとろうとして，自分もその人の悲しさを経験したことがある。………………	5	4	3	2	1
3　何かに苦しんでいる相手の気持ちを感じとろうとし，自分も同じような気持ちになったことがある。………	5	4	3	2	1
4　不快な気分でいる相手からその内容を聞いて，その人の気持ちを感じとったことがある。………………	5	4	3	2	1
5　相手が何かを恐がっているときに，そのひとの体験している怖さを感じとったことがある。………………	5	4	3	2	1
6　相手があることに驚いたと語るとき，その人の驚きを自分も感じとったことがある。………………	5	4	3	2	1
7　相手が何かを期待しているときに，そのわくわくした気持ちを感じとったことがある。………………	5	4	3	2	1
8　相手が楽しい気分になっている場合に，その楽しさを感じとろうとし，その人の気持ちを味わったことがある。………………	5	4	3	2	1
9　相手が「こんなことがあって，とてもびっくりした」と話すのを聞いて，その人の気持ちを感じとろうとし，自分も驚いた気持ちになったことがある。………	5	4	3	2	1

	よくあてはまる	ややあてはまる	どちらでもない	ややあてはまらない	全くあてはまらない
10 相手が喜んでいるときに，その気持ちを感じとって，一緒にうれしい気持ちになったことがある。………	5	4	3	2	1
11 相手が何かに腹を立てていても，自分はその人の怒りがぴんとこなかったことがある。………………	5	4	3	2	1
12 悲しんでいる相手といても，自分はその人のように悲しくならなかったことがある。……………………	5	4	3	2	1
13 相手が何かに苦しんでいても，自分はその人のように苦しくならなかったことがある。…………………	5	4	3	2	1
14 不快な気分でいる相手からその内容を聞いても，自分は同じように不快にならなかったことがある。………	5	4	3	2	1
15 相手が何かを恐がっていても，自分はそのひとの怖さを感じなかったことがある。……………………	5	4	3	2	1
16 相手があることに驚いたと語っても，どうしてそんなに驚くのかわからなかったことがある。…………	5	4	3	2	1
17 相手が何かを期待していても，同じようにわくわくしなかったことがある。………………………………	5	4	3	2	1
18 相手が楽しい気分でいても，自分はその人のように楽しく感じなかったことがある。…………………	5	4	3	2	1
19 相手が「こんなことがあって，とてもびっくりした」と話すのを聞いても，自分は驚いた気持ちにならなかったことがある。…………………………………	5	4	3	2	1
20 相手が何かに喜んでいても，自分はうれしい気持ちにならなかったことがある。………………………	5	4	3	2	1

2．以下の経験をどの程度したことがありますか。よく経験した方だと思う場合は，「よくあてはまる」を選ぶなど，「よくあてはまる」から「全くあてはまらない」までのどれか1つに○をつけてください。
（今回は，「どちらでもない」がありません。文がピンとこない場合は，「全くあてはまらない」（1）に○をつけてください。）

		よくあてはまる	ややあてはまる	ややあてはまらない	全くあてはまらない
1	相手のうれしそうな様子を見て，自分までうれしくなってきた。	4	3	2	1
2	腹を立てている相手を見て，自分が同じ立場なら，同じように腹を立ててしまうだろうと思った。	4	3	2	1
3	悲しんでいる相手を見て気の毒に思ったが，自分が相手にかわってあげられないのだと感じた。	4	3	2	1
4	相手の話を聞いていて，なるほどそういう感じ方もあるんだなあと納得した。	4	3	2	1
5	相手が泣いているのを見て，自分まで泣けてきてしまった。	4	3	2	1
6	自分には自分の感じ方があるように，相手には相手の感じ方があるのだなと実感した。	4	3	2	1
7	相手ほどうれしい気持ちになれなくて，かえって相手の喜びの大きいことを実感した。	4	3	2	1
8	相手が楽しそうにしていて，自分まで楽しくなってきてしまった。	4	3	2	1
9	寂しそうな相手を見て，かわいそうに思った。	4	3	2	1
10	相手のかわりはできないが，せめて辛い気持ちを共有したいと思った。	4	3	2	1
11	自分と相手は全く別の人間だが，同じように悲しみや喜びを味わうものなのだと実感した。	4	3	2	1

	よくあてはまる	ややあてはまる	ややあてはまらない	全くあてはまらない
12 自分の見かたはとりあえず置いておいて，相手の気持ちを理解しようとした。	4	3	2	1
13 相手から見たら，そんなふうに感じるのはもっともなことだと，実感した。	4	3	2	1
14 相手がいらいらしていて，自分までいらいらした気分になってきた。	4	3	2	1
15 自分も相手と同じように腹を立てていたが，まず，相手はどう思っているのかを考えた。	4	3	2	1
16 相手の感じ方がしっくりこなくて，人によって感じ方は異なるのだな実感した。	4	3	2	1
17 相手が悲しんでいても，そんなに悲しむことなのかなあと思った。	4	3	2	1
18 うれしそうな様子をしている相手を見て，何かうれしいことがあったのだと思った。	4	3	2	1
19 自分が喜んでいるのか相手が喜んでいるのか，わからなくなった。	4	3	2	1
20 辛そうにしている相手の話を聞いていて，自分も辛い気持ちになった。	4	3	2	1
21 本当に同じ苦しみを体験することはできないが，相手と悩みを分かち合うことはできると思った。	4	3	2	1
22 育った環境も違う相手なのだから，相手の気持ちを少しでも知ることができてよかったと思った。	4	3	2	1
23 不安がっている相手を見て，自分が同じ状況に置かれたら，同じようになるだろうと思った。	4	3	2	1
24 がっかりしている相手にとって，それがどんなに大きな期待だったのか考えた。	4	3	2	1
25 相手の辛そうな様子を見て，気の毒になった。	4	3	2	1

	よくあてはまる	ややあてはまる	ややあてはまらない	全くあてはまらない

26 相手の悩みを聞いて，思わず何とかしてあげたくなった。……………………………………………… 4 3 2 1

27 相手にしてみれば，これは驚くような出来事だろうと感じた。…………………………………… 4 3 2 1

28 自分とは全く違うタイプの人間だと思っていた相手が同じような気持ちでいるのがわかり，うれしくなった。……………………………………………… 4 3 2 1

29 悩んでいる相手の話を聞いて，胸にジーンとくる悩みだと思った。………………………………… 4 3 2 1

30 相手の話を聞いていて，相手の気持ちに自然についていけた。……………………………………… 4 3 2 1

31 喜んでいる相手を見て，喜んでいる理由が自分にもわかった。……………………………………… 4 3 2 1

32 何かを期待している相手と一緒にいて，自分までわくわくしてきた。……………………………… 4 3 2 1

33 相手が不当な扱いを受けているのを見て，むしょうに腹が立ってきた。…………………………… 4 3 2 1

34 自分の同情など苦しんでいる相手にとっては何の助けにもならないだろうと思った。…………… 4 3 2 1

35 相手が喜んでいてもピンとこなくて，なぜそんなにうれしいのか知りたい気持ちになった。…… 4 3 2 1

36 うまくいって喜んでいる相手の今までの努力を思って，心からうれしくなった。………………… 4 3 2 1

37 相手が腹を立てているのを見て，そんなに怒らなくても済むことじゃないかなあと思った。…… 4 3 2 1

38 相手が怪我をして痛がっているのを見て，自分も痛いような気になった。………………………… 4 3 2 1

	よくあてはまる	ややあてはまる	ややあてはまらない	全くあてはまらない
39 どんなに親しい相手でも，相手の思いをすっかりわかることはできないと思った。	4	3	2	1
40 相手と同じような目にあったら，自分だってとても辛いだろうと思った。	4	3	2	1
41 相手が落ち込んだ様子をしていて，自分まで気分が沈んだ。	4	3	2	1

3. ご自身の性格について，以下のことばがどの程度あてはまるかお答えください。
(いろいろなことばが並んでいますが，「どちらかというと，こうだろう」と，軽い気持ちで，お答えください。けんそんして，控えめな回答をなさらないように，お願いいたします)

		よくあてはまる	ややあてはまる	ややあてはまらない	全くあてはまらない
1	話し好き	4	3	2	1
2	くよくよしない	4	3	2	1
3	勤勉な	4	3	2	1
4	攻撃的	4	3	2	1
5	いい加減な	4	3	2	1
6	悩みがち	4	3	2	1
7	無口な	4	3	2	1
8	温和な	4	3	2	1
9	独創的な	4	3	2	1
10	人のよい	4	3	2	1
11	興味の狭い	4	3	2	1
12	陽気な	4	3	2	1
13	計画性のある	4	3	2	1
14	ルーズな	4	3	2	1
15	多才な	4	3	2	1
16	自己中心的	4	3	2	1
17	安定した	4	3	2	1

		よくあてはまる	ややあてはまる	ややあてはまらない	全くあてはまらない
18	のみこみの悪い	4	3	2	1
19	不安になりやすい	4	3	2	1
20	やさしい	4	3	2	1
21	暗い	4	3	2	1
22	几帳面な	4	3	2	1
23	反抗的	4	3	2	1
24	動揺しない	4	3	2	1
25	洞察力のある	4	3	2	1
26	怠惰な	4	3	2	1
27	外向的	4	3	2	1
28	無愛想な	4	3	2	1
29	心配性	4	3	2	1
30	感情的でない	4	3	2	1
31	視野が狭い	4	3	2	1
32	地味な	4	3	2	1
33	美的感覚の鋭い	4	3	2	1
34	あきっぽい	4	3	2	1
35	神経質な	4	3	2	1
36	親切な	4	3	2	1
37	怒りっぽい	4	3	2	1
38	不器用な	4	3	2	1

		よくあてはまる	ややあてはまる	ややあてはまらない	全くあてはまらない
39	社交的	4	3	2	1
40	しんぼう強い	4	3	2	1
41	とげのある	4	3	2	1
42	緊張しやすい	4	3	2	1
43	落ち着いた	4	3	2	1
44	無責任な	4	3	2	1
45	真面目な	4	3	2	1
46	頭の回転の鈍い	4	3	2	1
47	活動的	4	3	2	1
48	すなおな	4	3	2	1
49	意思表示しない	4	3	2	1
50	臨機応変な	4	3	2	1

調査質問紙1　181

4．以下のことがどの程度あてはまりますか。それぞれ，「よくあてはまる」～「全くあてはまらない」までのどれか1つに○をつけてください。

	よくあてはまる	ややあてはまる	どちらでもない	ややあてはまらない	全くあてはまらない
1　自分に起こることについて繰り返し，夢見たり想像したりする。	5	4	3	2	1
2　自分より不幸な人々について，やさしさや配慮の感情を持つことが多い。	5	4	3	2	1
3　「他人の」立場から物事を考えるのがむずかしいと思うことがある。	5	4	3	2	1
4　他の人々が問題をかかえていても，気の毒に思うことはあまりない。	5	4	3	2	1
5　小説の登場人物の感情に本当にのめり込んでしまう。	5	4	3	2	1
6　緊急の事故などに出会うと，気になって，落ち着いていられない。	5	4	3	2	1
7　映画や演劇を見ても大体客観的な態度でおれて，完全にのめりこんでしまうことは少ない。	5	4	3	2	1
8　物事を決めるには，みんなの反対意見をよく聞いてからにしようとする。	5	4	3	2	1
9　相手につけ込まれている人を見たときには，その人を守ってあげようという気になる。	5	4	3	2	1
10　気持ちが落ち着かない場面に出会った際には，ひとりぼっちだと感じることがある。	5	4	3	2	1
11　友だちのすることを理解しようとするときには，向こうから見るとどう見えるのかを想像することがある。	5	4	3	2	1
12　良い本や映画に完全にのめり込んでしまうことはきわめてまれである。	5	4	3	2	1

	よくあてはまる	ややあてはまる	どちらでもない	ややあてはまらない	全くあてはまらない
13 誰かが傷ついているのを見ても，平気でいられる。……	5	4	3	2	1
14 他の人々の不幸が気になることはほとんどない。………	5	4	3	2	1
15 自分が正しいと確信している場合には，他人の意見を聞くのに時間を使ったりしない。………………………	5	4	3	2	1
16 演劇や映画を見た後には，自分がその登場人物の一人だったらと感じる。……………………………………	5	4	3	2	1
17 気持ちが極端に落ち着かなくなる場面に出会うと，恐ろしくなる。…………………………………………	5	4	3	2	1
18 公正でない扱いをされている人を見ても，かわいそうにと思うことは少ない。………………………………	5	4	3	2	1
19 突発の出来事を処理するのが，いつも上手である。……	5	4	3	2	1
20 たまたま出会った出来事によって気持ちを動かされることが多い。……………………………………………	5	4	3	2	1
21 どんな問題にも2つの面があるから，その両方を見るようにつとめている。……………………………………	5	4	3	2	1
22 自分はやさしい気持ちの人間だと思っている。…………	5	4	3	2	1
23 良い映画を見たときには，すぐに主人公の立場に身を置くことができる。………………………………………	5	4	3	2	1
24 突発の事故に出会うと，自分をおさえることができなくなりがちである。…………………………………………	5	4	3	2	1
25 相手に腹を立てているときでも，しばらくは「相手の立場に立とう」とすることが多い。………………………	5	4	3	2	1
26 面白い物語や小説を読んだ際には話の中の出来事がもしも自分に起きたらと想像する。………………………	5	4	3	2	1
27 事故にあって助けを求めている人に出会ったら，どうしたらよいかわからなくなる。………………………	5	4	3	2	1

	よくあてはまる	ややあてはまる	どちらでもない	ややあてはまらない	全くあてはまらない
28 相手を批判する前に，自分が相手の立場だったらどう感じるかを想像してみようとする。	5	4	3	2	1

5．最後の質問です。以下のことがご自身にあてはまるかあてはまらないかを考え，2か1のどちらかに○をつけてください。

	あてはまる	あてはまらない
1　選挙の時は，すべての立候補者について十分に研究する。	2	1
2　たとえでしゃばってでも，困っている人を助けるのにちゅうちょしたことはない。	2	1
3　励みがないと仕事を続けるのが大変なこともある。	2	1
4　他人をひどく嫌ったことがない。	2	1
5　自分が人生で成功できるだけの能力があるか心配になることもある。	2	1
6　自分がうまくいかないと人を恨むことがある。	2	1
7　服の着方にはいつも注意している。	2	1
8　レストランで食べる時も自宅で食べる時も，等しく食事のマナーはちゃんとしている。	2	1
9　料金を払わずに映画館に入って，それをだれにもみられないのなら，たぶんそうすると思う。	2	1
10　何かをしていても自分には能力がないために，途中で中止することも時々ある。	2	1
11　時々人の噂話をするのが好きだ。	2	1
12　たとえ目上の人（上司・先生・親など）の方が正しいと分かっていても，反感を感ずることも時々ある。	2	1
13　誰の言うことでもちゃんと聴く方だ。	2	1
14　仮病を使ったことがある。	2	1
15　自分の利益のために，他人を利用したこともある。	2	1

	あてはまる	あてはまらない
16 失敗をしたときはいつも潔く認める。	2	1
17 他人に言うことは，いつも自ら実行するようにしている。	2	1
18 たとえおしゃべりで不愉快な人とも付き合っていくのが特に難しいとは感じない。	2	1
19 他人のしたことを許して忘れることもありますが，時には借りを返す（復しゅうする）ことを考えたりもする。	2	1
20 自分が知らないことを知らないと認めることは気にならない。	2	1
21 たとえ自分の気にくわない人にも，いつも礼儀正しく振舞っている。	2	1
22 自分の思い通りに事をしようと我を張ることも時々ある。	2	1
23 ものをぶち壊したくなることもある。	2	1
24 自分がしたことについて責任転嫁しようと考えたことなど全くない。	2	1
25 人に恩をきせられて，腹を立てたことなど全くない。	2	1
26 ひとが自分と全く違う考え方をしても，困ったことなど全くない。	2	1
27 ガスの元栓と戸締まりを確認せずに長期の旅行に出ることなど決してない。	2	1
28 ひとの幸福にしっとを感じることもある。	2	1
29 人をガミガミ叱り付けたいと思ったことなどほとんどない。	2	1
30 自分の好意をあてにした他人からの依頼に，イライラすることもある。	2	1

	あてはまる	あてはまらない
31 自分が悪くないのに叱られたと感じたことは全くない。	2	1
32 人の不幸を見て，ざまみろと感じたことも時にはある。	2	1
33 人の気持ちを害することを，意識的に言ったことなど全くない。	2	1

質問は以上です。 ご協力，誠にありがとうございました。

調査質問紙 2

1．以下のような体験をどの程度したことがありますか。よく体験したことがあると思う場合には「よくあてはまる」を選ぶなど，それぞれ，「よくあてはまる」～「全くあてはまらない」のどれか1つに○をつけてください。

＊考え込むと答えられなくなりますので，あまり深く考えずに，ぱっぱとお答えください。

（ただし，質問文の意味は理解した上でお答えください）

	よくあてはまる	ややあてはまる	どちらでもない	ややあてはまらない	全くあてはまらない
1　腹を立てている人の気持ちを感じとろうとし，自分もその人の怒りを経験したことがある。	5	4	3	2	1
2　悲しんでいる人の気持ちを感じとろうとして，自分もその人の悲しさを経験したことがある。	5	4	3	2	1
3　何かに苦しんでいる相手の気持ちを感じとろうとし，自分も同じような気持ちになったことがある。	5	4	3	2	1
4　不快な気分でいる相手からその内容を聞いて，その人の気持ちを感じとったことがある。	5	4	3	2	1
5　相手が何かを恐がっているときに，そのひとの体験している怖さを感じとったことがある。	5	4	3	2	1
6　相手があることに驚いたと語るとき，その人の驚きを自分も感じとったことがある。	5	4	3	2	1
7　相手が何かを期待しているときに，そのわくわくした気持ちを感じとったことがある。	5	4	3	2	1
8　相手が楽しい気分になっている場合に，その楽しさを感じとろうとし，その人の気持ちを味わったことがある。	5	4	3	2	1
9　相手が「こんなことがあって，とてもびっくりした」と話すのを聞いて，その人の気持ちを感じとろうとし，自分も驚いた気持ちになったことがある。	5	4	3	2	1

	よくあてはまる	ややあてはまる	どちらでもない	ややあてはまらない	全くあてはまらない
10 相手が喜んでいるときに，その気持ちを感じとって，一緒にうれしい気持ちになったことがある。………	5	4	3	2	1
11 相手が何かに腹をたてていても，自分はその人の怒りがぴんとこなかったことがある。………………	5	4	3	2	1
12 悲しんでいる相手といても，自分はその人のように悲しくならなかったことがある。………………	5	4	3	2	1
13 相手が何かに苦しんでいても，自分はその人のように苦しくならなかったことがある。………………	5	4	3	2	1
14 不快な気分でいる相手からその内容を聞いても，自分は同じように不快にならなかったことがある。………	5	4	3	2	1
15 相手が何かを恐がっていても，自分はそのひとの怖さを感じなかったことがある。………………	5	4	3	2	1
16 相手があることに驚いたと語っても，どうしてそんなに驚くのかわからなかったことがある。…………	5	4	3	2	1
17 相手が何かを期待していても，同じようにわくわくしなかったことがある。………………	5	4	3	2	1
18 相手が楽しい気分でいても，自分はその人のように楽しく感じなかったことがある。………………	5	4	3	2	1
19 相手が「こんなことがあって，とてもびっくりした」と話すのを聞いても，自分は驚いた気持ちにならなかったことがある。………………	5	4	3	2	1
20 相手が何かに喜んでいても，自分はうれしい気持ちにならなかったことがある。………………	5	4	3	2	1

2．以下の体験をどの程度したことがありますか。よく体験した方だと思う場合は，「よくあてはまる」を選ぶなど，「よくあてはまる」から「全くあてはまらない」までのどれか1つに○をつけてください。
（注意：「どちらでもない」はありません。ご自身の体験に照らして，文がピンとこない場合は，「全くあてはまらない」（1）に○をつけてください。）

	よくあてはまる	ややあてはまる	ややあてはまらない	全くあてはまらない
1　相手のうれしそうな様子を見て，自分までうれしくなってきた…………………………………………	4	3	2	1
2　腹を立てている相手を見て，自分が同じ立場なら，同じように腹を立ててしまうだろうと思った。…………	4	3	2	1
3　悲しんでいる相手を見て気の毒に思ったが，自分が相手にかわってあげられないのだと感じた。…………	4	3	2	1
4　相手の話を聞いていて，なるほどそういう感じ方もあるんだなあと納得した。…………………………	4	3	2	1
5　相手が泣いているのを見て，自分まで泣けてきてしまった。…………………………………………………	4	3	2	1
6　自分には自分の感じ方があるように，相手には相手の感じ方があるのだなと実感した。…………………	4	3	2	1
7　相手ほどうれしい気持ちになれなくて，かえって相手の喜びの大きいことを実感した。…………………	4	3	2	1
8　相手が楽しそうにしていて，自分まで楽しくなってきてしまった。…………………………………………	4	3	2	1
9　寂しそうな相手を見て，かわいそうに思った。…………	4	3	2	1
10　相手のかわりはできないが，せめて辛い気持ちを共有したいと思った。…………………………………	4	3	2	1
11　自分と相手は全く別の人間だが，同じように悲しみや喜びを味わうものなのだと実感した。………………	4	3	2	1

		よくあてはまる	ややあてはまる	ややあてはまらない	全くあてはまらない
12	自分の見かたはとりあえず置いておいて，相手の気持ちを理解しようとした。	4	3	2	1
13	相手から見たら，そんなふうに感じるのはもっともなことだと，実感した。	4	3	2	1
14	相手がいらいらしていて，自分までいらいらした気分になってきた。	4	3	2	1
15	自分も相手と同じように腹を立てていたが，まず，相手はどう思っているのかを考えた。	4	3	2	1
16	相手の感じ方がしっくりこなくて，人によって感じ方は異なるのだな実感した。	4	3	2	1
17	相手が悲しんでいても，そんなに悲しむことなのかなあと思った。	4	3	2	1
18	うれしそうな様子をしている相手を見て，何かうれしいことがあったのだと思った。	4	3	2	1
19	自分が喜んでいるのか相手が喜んでいるのか，わからなくなった。	4	3	2	1
20	辛そうにしている相手の話を聞いていて，自分も辛い気持になった。	4	3	2	1
21	本当に同じ苦しみを体験することはできないが，相手と悩みを分かち合うことはできると思った。	4	3	2	1
22	育った環境も違う相手なのだから，相手の気持ちを少しでも知ることができてよかったと思った。	4	3	2	1
23	不安がっている相手を見て，自分が同じ状況に置かれたら，同じようになるだろうと思った。	4	3	2	1
24	がっかりしている相手にとって，それがどんなに大きな期待だったのか考えた。	4	3	2	1
25	相手の辛そうな様子を見て，気の毒になった。	4	3	2	1

	よくあてはまる	ややあてはまる	ややあてはまらない	全くあてはまらない
26 相手の悩みを聞いて，思わず何とかしてあげたくなった。	4	3	2	1
27 相手にしてみれば，これは驚くような出来事だろうと感じた。	4	3	2	1
28 自分とは全く違うタイプの人間だと思っていた相手が同じような気持ちでいるのがわかり，うれしくなった。	4	3	2	1
29 悩んでいる相手の話を聞いて，胸にジーンとくる悩みだと思った。	4	3	2	1
30 相手の話を聞いていて，相手の気持ちに自然についていけた。	4	3	2	1
31 喜んでいる相手を見て，喜んでいる理由が自分にもわかった。	4	3	2	1
32 何かを期待している相手と一緒にいて，自分までわくわくしてきた。	4	3	2	1
33 相手が不当な扱いを受けているのを見て，むしょうに腹が立ってきた。	4	3	2	1
34 自分の同情など苦しんでいる相手にとっては何の助けにもならないだろうと思った。	4	3	2	1
35 相手が喜んでいてもピンとこなくて，なぜそんなにうれしいのか知りたい気持ちになった。	4	3	2	1
36 うまくいって喜んでいる相手の今までの努力を思って，心からうれしくなった。	4	3	2	1
37 相手が腹を立てているのを見て，そんなに怒らなくても済むことじゃないかなあと思った。	4	3	2	1
38 相手が怪我をして痛がっているのを見て，自分も痛いような気になった。	4	3	2	1

	よくあてはまる	ややあてはまる	ややあてはまらない	全くあてはまらない
39 どんなに親しい相手でも，相手の思いをすっかりわかることはできないと思った。	4	3	2	1
40 相手と同じような目にあったら，自分だってとても辛いだろうと思った。	4	3	2	1
41 相手が落ち込んだ様子をしていて，自分まで気分が沈んだ。	4	3	2	1

3．ご自身の性格について，以下の言葉がどの程度あてはまるかお答えください。
(いろいろな言葉が並んでいますが，「どちらかというと，こうだろう」と，軽い気持ちで，お答えください。けんそんして，控えめな回答をなさらないように，お願いいたします)

	よくあてはまる	ややあてはまる	ややあてはまらない	全くあてはまらない
1 話し好き	4	3	2	1
2 くよくよしない	4	3	2	1
3 勤勉な	4	3	2	1
4 攻撃的	4	3	2	1
5 いい加減な	4	3	2	1
6 悩みがち	4	3	2	1
7 無口な	4	3	2	1
8 温和な	4	3	2	1
9 独創的な	4	3	2	1
10 人のよい	4	3	2	1
11 興味の狭い	4	3	2	1
12 陽気な	4	3	2	1
13 計画性のある	4	3	2	1
14 ルーズな	4	3	2	1
15 多才な	4	3	2	1
16 自己中心的	4	3	2	1
17 安定した	4	3	2	1

調査質問紙2

		よくあてはまる	ややあてはまる	ややあてはまらない	全くあてはまらない
18	のみこみの悪い	4	3	2	1
19	不安になりやすい	4	3	2	1
20	やさしい	4	3	2	1
21	暗い	4	3	2	1
22	几帳面な	4	3	2	1
23	反抗的	4	3	2	1
24	動揺しない	4	3	2	1
25	洞察力のある	4	3	2	1
26	怠惰な	4	3	2	1
27	外向的	4	3	2	1
28	無愛想な	4	3	2	1
29	心配性	4	3	2	1
30	感情的でない	4	3	2	1
31	視野が狭い	4	3	2	1
32	地味な	4	3	2	1
33	美的感覚の鋭い	4	3	2	1
34	あきっぽい	4	3	2	1
35	神経質な	4	3	2	1
36	親切な	4	3	2	1
37	怒りっぽい	4	3	2	1
38	不器用な	4	3	2	1

		よくあてはまる	ややあてはまる	ややあてはまらない	全くあてはまらない
39	社交的	4	3	2	1
40	しんぼう強い	4	3	2	1
41	とげのある	4	3	2	1
42	緊張しやすい	4	3	2	1
43	落ち着いた	4	3	2	1
44	無責任な	4	3	2	1
45	真面目な	4	3	2	1
46	頭の回転の鈍い	4	3	2	1
47	活動的	4	3	2	1
48	すなおな	4	3	2	1
49	意思表示しない	4	3	2	1
50	臨機応変な	4	3	2	1

調査質問紙2　197

4．以下のことがどの程度あてはまりますか。それぞれ，「よくあてはまる」～「全くあてはまらない」までのどれか1つに○をつけてください。
（ここには，「どちらでもない」もあります）

	よくあてはまる	ややあてはまる	どちらでもない	ややあてはまらない	全くあてはまらない
1　自分に起こることについて繰り返し，夢見たり想像したりする。	5	4	3	2	1
2　自分より不幸な人々について，やさしさや配慮の感情を持つことが多い。	5	4	3	2	1
3　「他人の」立場から物事を考えるのがむずかしいと思うことがある。	5	4	3	2	1
4　他の人々が問題をかかえていても，気の毒に思うことはあまりない。	5	4	3	2	1
5　小説の登場人物の感情に本当にのめり込んでしまう。	5	4	3	2	1
6　緊急の事故などに出会うと，気になって，落ち着いていられない。	5	4	3	2	1
7　映画や演劇を見ても大体客観的な態度でおれて，完全にのめりこんでしまうことは少ない。	5	4	3	2	1
8　物事を決めるには，みんなの反対意見をよく聞いてからにしようとする。	5	4	3	2	1
9　相手につけ込まれている人を見たときには，その人を守ってあげようという気になる。	5	4	3	2	1
10　気持ちが落ち着かない場面に出会った際には，ひとりぼっちだと感じることがある。	5	4	3	2	1
11　友だちのすることを理解しようとするときには，向こうから見るとどう見えるのかを想像することがある。	5	4	3	2	1

	項目	よくあてはまる	ややあてはまる	どちらでもない	ややあてはまらない	全くあてはまらない
12	良い本や映画に完全にのめり込んでしまうことはきわめてまれである。	5	4	3	2	1
13	誰かが傷ついているのを見ても，平気でいられる。	5	4	3	2	1
14	他の人々の不幸が気になることはほとんどない。	5	4	3	2	1
15	自分が正しいと確信している場合には，他人の意見を聞くのに時間を使ったりしない。	5	4	3	2	1
16	演劇や映画を見た後には，自分がその登場人物の一人だったらと感じる。	5	4	3	2	1
17	気持ちが極端に落ち着かなくなる場面に出会うと，恐ろしくなる。	5	4	3	2	1
18	公正でない扱いをされている人を見ても，かわいそうにと思うことは少ない。	5	4	3	2	1
19	突発の出来事を処理するのが，いつも上手である。	5	4	3	2	1
20	たまたま出会った出来事によって気持ちを動かされることが多い。	5	4	3	2	1
21	どんな問題にも2つの面があるから，その両方を見るようにつとめている。	5	4	3	2	1
22	自分はやさしい気持ちの人間だと思っている。	5	4	3	2	1
23	良い映画を見たときには，すぐに主人公の立場に身を置くことができる。	5	4	3	2	1
24	突発の事故に出会うと，自分をおさえることができなくなりがちである。	5	4	3	2	1
25	相手に腹を立てているときでも，しばらくは「相手の立場に立とう」とすることが多い。	5	4	3	2	1
26	面白い物語や小説を読んだ際には話の中の出来事がもしも自分に起きたらと想像する。	5	4	3	2	1

	よくあてはまる	ややあてはまる	どちらでもない	ややあてはまらない	全くあてはまらない
27 事故にあって助けを求めている人に出会ったら，どうしたらよいかわからなくなる。	5	4	3	2	1
28 相手を批判する前に，自分が相手の立場だったらどう感じるかを想像してみようとする。	5	4	3	2	1

5．以下のことがどの程度あてはまりますか。それぞれ，「よくあてはまる」～「全くあてはまらない」までのどれか1つに○をつけてください。

		よくあてはまる	ややあてはまる	ややあてはまらない	全くあてはまらない
1	私は自分自身が好きである。	4	3	2	1
2	自分の考え方は，そのときの状況や他の人の意見によって，左右されがちである。	4	3	2	1
3	本当に自分のやりたいことが何なのか，見出せない。	4	3	2	1
4	私には，もう新しい経験や知識は必要ないと思う。	4	3	2	1
5	自分の行動を決定するとき，社会的に認められるかどうかをまず考える。	4	3	2	1
6	私は他者といると，愛情や親密さを感じる。	4	3	2	1
7	状況をよりよくするために，周りに柔軟に対応することができる。	4	3	2	1
8	私は，自分が生きていることの意味を見出せない。	4	3	2	1
9	私の人生は，学んだり，変化したり，成長したりする連続した過程である。	4	3	2	1
10	良い面も悪い面も含め，自分自身のありのままの姿を受け入れることができる。	4	3	2	1
11	私は，今とは異なる自分になりたいと思う。	4	3	2	1
12	自分らしさや個性を伸ばすために，新たなことに挑戦することは重要だと思う。	4	3	2	1
13	これ以上，自分自身を高めることはできないと思う。	4	3	2	1
14	私の人生にはほとんど目的がなく，進むべき道を見出せない。	4	3	2	1

	よくあてはまる	ややあてはまる	ややあてはまらない	全くあてはまらない
15 自分の生き方を考えるとき，人の意見に左右されやすい。	4	3	2	1
16 私の今の立場は，様々な状況に折り合いをつけながら，自分で作りあげたものである。	4	3	2	1
17 私は，うまく周囲の環境に適応して，自分を生かすことができる。	4	3	2	1
18 自分の時間を他者と共有するのはうれしいことだと思う。	4	3	2	1
19 私は生きる目標を持ち続けている。	4	3	2	1
20 私は何かを決めるとき，世間からどう見られているか気になる。	4	3	2	1
21 私の能力はもう限界だと思う。	4	3	2	1
22 これからも，私はいろいろな面で成長し続けたいと思う。	4	3	2	1
23 私は，自分の性格について悩んでいる。	4	3	2	1
24 私は，自分に対して肯定的である。	4	3	2	1
25 私の人生は退屈で興味がわかない。	4	3	2	1
26 私は現在，目的なしにさまよっているような気がする。	4	3	2	1
27 他者との親密な関係を維持するのは，面倒くさいことだと思う。	4	3	2	1
28 私は他者に強く共感できる。	4	3	2	1
29 自分の身に降りかかってきた悪いことを，自分の力でうまく切り抜けることができる。	4	3	2	1

	よくあてはまる	ややあてはまる	ややあてはまらない	全くあてはまらない
30 私は，自分の行動は自分で決める。………………	4	3	2	1
31 習慣にとらわれず，自分自身の考えに基づいて行動している。………	4	3	2	1
32 私はこれまでに，あまり信頼できる人間関係を築いてこなかった。………	4	3	2	1
33 自分がどんな人生を送りたいのかはっきりしている。………	4	3	2	1
34 私は，これまでの人生において成し遂げてきたことに，満足している。………	4	3	2	1
35 新しいことに挑戦して，新たな自分を発見するのは楽しい。………	4	3	2	1
36 私は，周囲の状況にうまく折り合いをつけながら，自分らしく生きていると思う。………	4	3	2	1
37 私は，あたたかく信頼できる友人関係を築いている。	4	3	2	1
38 何かを判断するとき，社会的な評価よりも自分の価値観を優先する。………	4	3	2	1
39 私は自分の生き方や性格をそのまま受け入れることができる。………	4	3	2	1
40 重要なことを決めるとき，他の人の判断に頼る。…………	4	3	2	1
41 私は自分の将来に夢を持っている。…………………	4	3	2	1
42 自分の周りで起こった問題に，柔軟に対応することができる。………	4	3	2	1
43 私は，新しい経験を積み重ねるのが，楽しみである。………	4	3	2	1

6．最後の質問です。

	あてはまる	あてはまらない
1　現在，付き合っている異性がいる。	2	1
2　過去に異性と別れた経験がある。	2	1
3　現在，サークル活動（部活動）を定期的に行っている。	2	1
4　現在，ボランティア活動を定期的に行っている。	2	1

（ボランティアは，定期活動が年に1～2回あれば，定期的と捉えてください）

●質問は以上です。恐れ入りますが，もう一度，最初のページに戻って回答ページを飛ばしていないか，記入漏れはないかどうかをご確認ください。
＊多数の質問にお答え頂き，誠にありがとうございました。
＊余力がございましたら，次のページをご覧ください。→→→→→→→→

番外編（一部でもお答え頂けると，大変参考になります）

このような体験をしたことはありませんか？

親しい人に話を聞いて欲しいと言われて……
　　その人の話を聞いていて，相手の気持ちがしっくりしなかったことがある
　　その人の話を聞いていて，相手の気持ちをすっかりわかることは難しいと思ったことがある。
　　その人の困っている話を聞いても，ピンと来なかったことがある。

以上にあてはまるような実際のエピソードを1つ思い出してください

何か思い出されましたら，以下にご記入くださいませんか？
　　（時間切れで，途中で終わってしまっても全く構いません）

---

1 思い出したのはいつの出来事ですか？

2 どこでのことですか？

3 相手は方はどのようなご関係の方ですか？

4 どのようなお話だったのですか？

5 どのように違和感を覚えたのですか？

6 相手の方についてどのような思いが湧いてきましたか？

7 ご自身の対人関係について，何か感じていらっしゃることはありますか？

現職研修における配付資料

現職研修　日程表

●ねらい
・話し合いをする中で，お互いにどのようなやりとりをし，どのような影響を受けるかに気づく。
・刻々変化する自分の感情をどのように扱い，話し合いの中で生かしていけるかチャレンジしてみる。

14:00　はじめに

　　　　実習「住宅問題」
　　　　　導入
　　　　　個人決定
　　　　　グループでの話し合い
　　　　　結果発表
　　　　　　　（休けい・移動）
　　　　　ふりかえり用紙記入
　　　　　わかちあい

16:30

実習「住宅問題」

ねらい：
- 話し合いをする中で，お互いにどのようなやりとりをし，どのような影響を受けるかに気づく。
- 刻々変化する自分の感情をどのように扱い，話し合いの中で生かしていけるかチャレンジしてみる。

〈状況・課題〉
あなた方は，〇〇自動車株式会社の業務部厚生課のメンバーです。

今度，転勤などに伴い社宅が5室空くことになり，入居を希望していた社員の中から同じ部で働く5人の社員とその家族が入居することになりました。それぞれ社宅の入居を長く待っていましたし，自分たちの家庭環境に適した部屋に入居することを強く希望しています。

これから30分間で話し合いをして，厚生課としての決定をし，どの部屋にどの家族が入居するのかを，5人に伝えなければなりません。あなた方は，誰もが納得して入居してもらえるように，最善と思われる決定をするように上司から命ぜられています。

各空き部屋の状況と，それぞれの家族の状況は次のとおりです。

〈各部屋の条件〉
・5階建て，各階に10世帯が住んでいる。
・エレベーターはなく，階段は南側に一つだけである。

No.	広さ	その他の条件
101	4 DK	南側で日当たりはよい。庭つき。
209	3 DK	北側で日当たりはよくない。静か。
306	3 DK	両隣に小さい子供がいてうるさい。
401	2 DK	南側で日当たりはよい。
510	3 DK	北側で日当たりはよくない。静か。つきあいのよい夫婦が隣に住んでいる。

〈入居予定者の家族状況〉

横山一郎　部の中では部長代理や，数名の上司に次ぐ立場にいます。今度，社宅に入居できることになった5人の中では，勤続年数も一番長く，周りからの信頼も厚いです。今住んでいる家は一戸建てで庭があり，唯一の趣味である庭木には強い執着を持っています。それに2人の子供達も大きくなり，特に高3の長男の大学入試のための勉強部屋が欲しく，部屋数が多いことも強く希望しています。

鶴田秋雄　一階に入居することを強く希望しています。というのも，結婚以来住んでいる公団アパートは6階ですが，7階に住んでいる家の子供が騒がしくて仕方がないのです。娘は中3で高校受験をめざして勉強しなければなりません。また，何よりも大変なのは，妻の足が不自由なため毎日病院に通わなければならないし，また買い物にも行かなければなりません。この機会に何とか妻の苦労を少しでも軽くしてやりたいと切に願っています。

座間春雄　今まで住んでいた環境のよい条件を，できるだけ維持していきたいと願っています。というのも今住んでいるところは静かで日当たりのよい川べりで，小さい子供の遊び場にも事欠きませんでしたし，部屋数も4DKで大変満足していました。ただ家賃が非常に高いので社宅を申し込んだのです。小さい子供が3人いることから，社宅の上階は危ないの

	で避けたいし，ともかく今の環境に近いところを確保したいと思っています。
追川三郎	現在通勤に2時間近くかかる町の民間アパートに住んでいます。社宅に入居できることになり新妻も大喜びです。今住んでいるアパートは隣人の声も聞こえたりするので，一日も早く引っ越したいと考えています。ただ，心配なのは妻が高所恐怖症であることで，3階以上になればどうしようかと考えています。1階か2階を強く望んでいます。
村上五郎	妻が2ヵ月後に出産をひかえ，楽しく暮らしています。社宅への入居も決まり，二重の喜びで家族は湧いています。現在は民間の4LDKの借家に住んでおり，両親と同居しています。現在の悩みとしては，妻と母親の仲がうまくいっていないことですが，別居は考えられない状況なのです。

〈課題シート〉

1．厚生課のメンバーのひとりとして，あなたはどの家族がどの部屋に入居するのがよいと考えますか。部屋番号の隣に社員の名前を記入してください。理由の欄には，あなたの考えを簡単にメモしてください。

部屋番号	社員名	理　由
101	_____	
209	_____	
306	_____	
401	_____	
510	_____	

2．次に，グループでよく話し合って，各部屋に入居する家族を決定してください。このとき，できるだけお互いに納得のいくまで話し合いをしてみてください。多数決やじゃんけんなどの方法はとらず，一人ひとりの考えを大事に扱って，考えを理解しあった上で話し合いを進めてください。

	自分						グループ決定
101							
209							
306							
401							
510							

実習「住宅問題」ふりかえり用紙 1

1. あなたは
    a. どの程度, 自分の気持ちや意見を言えましたか？
        1　2　3　4　5　6　　（理由）
        言えなかった　充分言えた
    b. どの程度, 他のメンバーの意見を聞けましたか？
        1　2　3　4　5　6　　（理由）
        聞けなかった　充分聞けた
    c. どの程度, グループに参加したと思いますか？
        1　2　3　4　5　6　　（理由）
        参加しなかった　　充分参加した

2. この話し合いの中であなたが
    a. 試みたことは何ですか？（具体的に）

    b. それがグループや他のメンバーにどのように影響していたと思いますか。

3. この話し合いの中で, 自分やメンバーの, 感情や行動について気づいたこと感じたことはどんなことですか。

    自　分 …
    _____ …
    _____ …
    _____ …
    _____ …
    _____ …

ふりかえり用紙2　A班

この用紙は回収させてください

○この実習を通して，

1. 自分と異なる意見がどのくらいありましたか。
   （どのような点で）

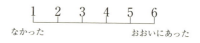

2. 異なる意見をどのくらい受け入れることができましたか。
   （どのような点で）

3. メンバーの気持ちにどのくらい気づけましたか。
   （どのような点で）

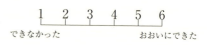

4. 自分自身について新たに気づいたことはありますか。
   （どのような点で）

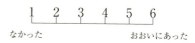

ふりかえり用紙2　B班

この用紙は回収させてください

○この実習を通して，

1. 自分と異なる意見がどのくらいありましたか。
　　（どのような点で）

```
1   2   3   4   5   6
なかった        おおいにあった
```

2. 異なる意見をどのくらい受け入れることができましたか。
　　（どのような点で）

3. メンバーの気持ちにどのくらい気づけましたか。
　　（どのような点で）

4. 自分自身について新たに気づいたことはありますか。
　　（どのような点で）

```
1   2   3   4   5   6
なかった        おおいにあった
```

著者略歴

鈴木　郁子（スズキ　イクコ）

1965年6月　神奈川県で生まれる
1988年3月　日本女子大学文学部卒　4月から民間企業に勤務
1992年4月　愛知県 県立高校教員（1998年3月まで）
2001年3月　名古屋大学教育学部卒（3年次編入）
2004年3月　同大学院教育発達科学研究科修士課程修了
2007年3月　同博士課程修了　博士（心理学）
2009年4月　一宮女子短期大学　准教授
2010年4月　浜松学院大学　准教授
2013年5月　逝去

学校教師の共感性に関する研究

2017年11月15日　初版第1刷発行

　著　者　　鈴　木　郁　子
　発行者　　風　間　敬　子
発行所　　株式会社　風　間　書　房
〒101-0051　東京都千代田区神田神保町1-34
電話03(3291)5729　FAX 03(3291)5757
振替00110-5-1853

印刷　藤原印刷　　製本　高地製本所

©2017　Ikuko Suzuki　　　　NDC 分類：140
ISBN978-4-7599-2193-9　Printed in Japan

[JCOPY]〈(社)出版者著作権管理機構 委託出版物〉
本書の無断複製は，著作権法上での例外を除き禁じられています。複製される場合はそのつど事前に(社)出版者著作権管理機構（電話03-3513-6969, FAX 03-3513-6979, e-mail: info@jcopy.or.jp）の許諾を得て下さい。